Felícito Góndola Jr

ISBN: 9798287165888

Primera Edición

2025

Panamá, República de Panamá

Publicado por: Editorial Escritores Exitosos

editorialescritoresexitosos@gmail.com

Contenido

Sobre el autor 9

Prólogo:.. 13

Agradecimientos... 17

Introducción 19

Reflexión: 22

Un Canto a la Verdad 25

¡No Estoy Solo! 27

Sección 1: Fundamentos para una Vida con Propósito... 32

Motivación y disciplina. Un monedero sin plata y un estómago vacío. – sin esperanza......................... 32

Motivación y Disciplina: Forjando el Camino hacia el Crecimiento Personal. 34

Cuando el desánimo acecha, la disciplina avanza. 36

Crea una la filosofía de vida: Aprende a vivir con sabiduría, para vivir antes que te quede poco tiempo o que sea tarde para ello. Un camino hacia el bienestar integral. 40

Nunca digas algo, nunca te digas algo que no edifique, de lo contrario cállate. Ten un diálogo interno positivo y edificante, evitando las palabras negativas. 46

Resiliencia: “No puedo cambiar la dirección del viento, pero puedo ajustar las velas para ir en la dirección correcta”. Capacidad de adaptarse a las circunstancias para lograr nuestros objetivos. 51

Aprovecha el tiempo: Administración eficiente después de un sueño reparador: 60

Levantarse temprano: 63

Administración eficiente del tiempo: Un tesoro invaluable para una vida con propósito:............. 67

Método probado en mí: 70

Métodos probados para priorizar tareas y establecer metas claras:.................................. 74

No te Coloques a Cuestas Cargas Innecesarias: . 79

utiliza tus dones y talentos, concéntrate en lo fascinante de ponerlos en práctica:.................... 85

El precio de los desaciertos y la importancia de la sabiduría en la toma de decisiones:.................. 90

De manera sana compite contigo. 98

Ser mejor para ser feliz....................................105

Valor que no radica en lo que posees. La posesión no te define..113

No siempre se gana, sin embargo, siempre se gana en el hacer...119

La filosofía de la exigencia, siempre el mayor esfuerzo hasta lograrlo. ¿Hasta dónde estás dispuesto a llegar, cuanto estas dispuesto a hacer para alcanzar tus sueños?..............................126

Comprométete, con el compromiso al que te comprometiste. 133

La filosofía de vida de cerrar puertas y ventanas.139

Vivir con acción de gracia por el don de la vida y por la vida que nos tocó vivir. 145

Sección 2: Cultivando una Mentalidad Positiva......154

Ese Momento en el Tiempo que Vives es Todo; Vive en Él.. 154

Gózate en lo cotidiano:.................................... 156

El poder de los pensamientos y creencias. Actuar con convicción.. 160

Combatiendo la negatividad y el pesimismo...... 166

Desarrollando una actitud de gratitud. 171

Enfocándose en lo positivo y las posibilidades. . 176

Manteniendo una motivación constante. 181

Vive en el Gozo de la Complacencia, de la Esperanza, del Proyecto y la Adquisición Final... 186

Sección 3: Principios para el Crecimiento Personal. 194

Aprendizaje Continuo y Desarrollo Personal...... 194

Salir de la Zona de Confort: Un Imperativo para el Crecimiento Persona, El Umbral hacia el Verdadero Crecimiento. 198

Paciencia y Perseverancia. 203

La Importancia del Autoconocimiento............... 207

Estableciendo Hábitos positivos. 212

Desarrollando Habilidades y Competencias...... 216

Superando limitaciones y creencias limitantes.. 221

Aprendiendo de los Errores y Fracasos............. 226

Sección 4: Herramientas para la Transformación.. 234

Compartir tus talentos...................................... 234

Comunicación Asertiva y Habilidades Interpersonales. 239

Resolución de conflictos y manejo de situaciones difíciles..245

Técnicas para el Manejo del Estrés y la Ansiedad 250

Habilidades para la Toma de Decisiones y el Liderazgo..256

Sección 5: Conexión Espiritual y Bienestar Integral 266

¿Qué significa la conexión espiritual?...............266

El propósito trascendental de nuestras vidas.....271

Una experiencia personal con Jesús. 276

En la intimidad con Dios..................................277

Desde el principio, cuando el soplo divino encendió la luz, el universo fue trazado con propósito eterno. Dios es el origen, el fin y el camino, y en su palabra todo encuentra sentido 281

Él rompe cadenas y guía al perdido, la fe abre caminos y la obediencia bendice. La victoria es para los valientes en Dios, y su justicia nunca falla. 283

La historia de los pueblos canta su fidelidad, y en la prueba, su misericordia se renueva. Quien siembra justicia cosecha paz, quien vive en verdad habita en esperanza...285

Aun en lo oculto, Él teje su propósito, levanta al caído y restaura lo roto. La sabiduría sin fidelidad es vana, pero el temor de Dios es el principio del todo. 287

El amor es más fuerte que la muerte, es un reflejo del amor divino. Su reino es eterno y su salvación segura, pues Cristo es el Verbo, la luz, la vida. ...288

El Espíritu de Dios transforma corazones, la gracia redime y la fe sostiene. Quien en Cristo reposa nunca será vencido, quien espera en Él jamás será avergonzado. 291

La justicia de Dios es segura, Él exalta al humilde y derriba al soberbio. La fidelidad abre las puertas del cielo, y su amor es inquebrantable. 293

Su poder perfecciona la debilidad, su Espíritu enciende la llama eterna. La verdad resplandece en quien la busca, y la fe sin obras es solo un eco vacío.. 296

Camina en la luz, pues el tiempo es breve, pelea la buena batalla y no te desvíes. Cristo es el Alfa y la Omega, su victoria es segura y eterna. 299

Y cuando el día llegue a su ocaso, y los tiempos se sellen en gloria, su pueblo cantará por siempre: Santo, Santo, Santo es el Señor. 301

Observar y Empatizar: La Conexión Espiritual con los Demás.. 303

La Urgencia de la Salvación: Nuestra Verdadera Prioridad 306

La Libertad en Cristo: Un Camino de Fe y Transformación 308

No dudes; fe... 310

Inspirar y Ser Ejemplo para los Demás; Testimonio 313

Conexión con la Naturaleza y el Medio Ambiente 315

Cuidado físico y alimentación saludable 317

Conclusión de Sabiduría Atemporal 321

Sobre el autor

Soy Felícito Góndola Jr. Provengo de una familia humilde de las costas del Caribe, en la provincia de Colón, República de Panamá. Nacido un 11 de agosto de 1962.

Llevé a cabo mis estudios primarios en la Escuela Elisa Vda. de Garrido en Buena Vista de Colon, una institución que ocupa un lugar especial en mi memoria, pues allí viví momentos inolvidables y forjé los primeros cimientos de mi educación. Posteriormente, cursé el primer ciclo de secundaria en el Colegio Rufo A. Garay de Colon, una etapa hermosa y enriquecedora en la que compartí con muchos compañeros, cuyos nombres no menciono para evitar la imprudencia de omitir a alguno y dar la impresión equivocada de haberlos olvidado.

Mi segundo ciclo de secundaria lo llevé a cabo en el Glorioso Instituto Militar General Tomás Herrera, una institución que marcó un punto de inflexión en mi vida. Dentro de este libro hago referencia a la profunda transformación que experimenté antes y después de mi paso por esta institución, la cual dejó una huella imborrable en mi formación personal y académica. Egresado de la universidad de Panamá entre otras universidades,

Siempre me consideró del istmo urbano de la ciudad de Colón, ya que mi madre Aureliana Racero García era de la costa abajo de esta provincia y mi padre Felícito Góndola Salazar de la costa arriba, y se unieron en matrimonio en el centro urbano de Colón, hoy conocido como el casco viejo de la ciudad. Con todas las carencias y necesidades de la época, mis padres vivían el día a día. Crecí en medio de necesidades apremiantes, pero la confianza inquebrantable en Dios fue siempre nuestra mejor arma. Las palabras más repetidas en casa eran "En el nombre de Dios", "Dios proveerá" y "Gracias a Dios". Estas palabras aún resuenan en mi mente y hoy en día son mi mayor fortaleza para continuar, sin dudar que Dios siempre está presente.

Un apasionado por la enseñanza, la motivación y la búsqueda de una vida con propósito. Mi trayectoria abarca múltiples áreas: Profesional de la radiología médica, abogado, licenciado docente en biología, profesor, predicador y primer anciano de la iglesia adventista del séptimo día. Estas experiencias, unidas a mi profunda fe y amor por la superación personal, me han dado una perspectiva única sobre cómo afrontar los desafíos de la vida y transformar cada experiencia en una oportunidad para crecer.

Mi libro, "Sabiduría Atemporal", es el resultado de años de reflexión, aprendizaje y dedicación. Su propósito es proporcionar a los lectores herramientas prácticas y espirituales para vivir una vida plena y significativa. Desde principios universales hasta ejemplos de mi propia vida, este libro busca inspirar a las personas a descubrir su propósito, valorar sus dones y talentos, y encontrar motivación en lo cotidiano.

Creo firmemente que cada ser humano tiene el potencial de alcanzar algo extraordinario cuando alinea sus acciones con un propósito trascendental. "Sabiduría Atemporal" no es solo una guía; es un llamado a la acción. Espero que, al leer estas páginas, cada lector se sienta empoderado para tomar decisiones transformadoras, enfrentar sus retos con valentía y vivir con gratitud y gozo.

Mi visión es que este libro impacte profundamente a quienes lo lean, ayudándoles a reflexionar sobre sus propias vidas y a dar los pasos necesarios para alcanzar una existencia plena, rica en significado y propósito.

Quiero hacer una mención especial a la provincia de Bocas del Toro, a la cual estoy muy agradecido. Llegué a esta provincia para realizar la práctica clínica obligatoria que me permitiera optar por la idoneidad para ejercer la radiología en todo el territorio nacional. Allí cultivé muchas amistades, muchas de las cuales aún conservo, y formé valiosos lazos con colegas y amigos.

Participé en equipos y ligas provinciales de baloncesto de alto nivel competitivo. Existe un dicho popular en la región que afirma que, al llegar a Bocas del Toro, a Changuinola, por cualquier razón, uno queda atrapado y se queda por un tiempo, hasta bañarse en las aguas del río Changuinola, y en algunos casos, incluso se casa. Y, efectivamente, llegué a bañarme en las aguas de este río. Ya pueden hacerse una idea de lo que ocurrió: estoy casado con una bocatoreña de Almirante, con quien he formado una nueva familia. Amo a mi esposa y a nuestra familia. Mi hijo mayor nació en el Hospital de Almirante, lo que añade un sentido especial a mi vínculo con esta provincia.

Fui colaborador de la Caja de Seguro Social en el departamento de radiología del Hospital de Changuinola, y también en el Hospital de Almirante. Hoy en día, soy uno de los colaboradores con funciones en el Hospital del Ministerio de Salud del Dr. Guillermo Sánchez Borbón, en Isla Colón, Bocas del Toro.

"Nunca apagues las velas de tus deseos, pues siempre puedes añadir uno más. No te des por vencido hasta alcanzarlos, esforzándote al máximo, como si de ello dependiera tu vida."

Felícito Góndola Jr.

Prólogo:

'Sabiduría Atemporal' es un libro concebido con la intención de motivar e inspirar a sus lectores, sirviendo como una herramienta de transformación personal mediante la renovación del entendimiento. A través de principios y fundamentos presentados de manera sencilla y coloquial, como si se tratara de una conversación entre amigos en un pequeño restaurante compartiendo un café, este libro invita a la reflexión profunda en cualquier momento del día: ya sea durante un amanecer, un atardecer, o en medio de un diálogo en una banca de parque o en la cafetería de una universidad. Sin entrar en diatribas o controversias, su propósito es guiar al lector hacia una vida con propósito.

Este libro busca enseñar que un monedero vacío y un estómago sin esperanza no deben ser causas para la desesperación, sino catalizadores para forjar un nuevo camino hacia el crecimiento personal y una vida mejor. Cuando el deseo intente detenerte, la disciplina será tu mejor aliada para avanzar. La sabiduría para vivir con propósito se refleja en la capacidad de tomar decisiones a tiempo, evitando caer en la trampa de la procrastinación.

Exhorto a que nunca digas ni pienses algo que no edifique; Si no tienes palabras positivas, mejor guarda silencio. Cultiva un diálogo interno positivo y edificante, adaptándote a las circunstancias para lograr nuevos y mejores objetivos. Aprovecha el tiempo sabiamente y administra cada momento con eficiencia, recordando siempre que el tiempo es un tesoro invaluable en la búsqueda de una vida con propósito. No te sobrecargues con preocupaciones innecesarias; en su lugar, enfócate en tus dones y talentos, disfrutando el proceso de ponerlos en práctica y reconociendo la importancia de la sabiduría en la toma de decisiones para alcanzar la meta que te has propuesto.

Este libro también te exhorta a vivir con sencillez y humildad, recordándote que la posesión material no te define. Nunca dejes de intentar, porque siempre hay algo que ganar al esforzarse por alcanzar tus sueños. Comprométete de tal manera que no haya posibilidad de escapar hacia lo más fácil: no hacer nada. En cambio, vive con acción de gracia por el don de la vida y por la vida que te ha tocado vivir.

Mi deseo es que este libro te ayude a cultivar una mentalidad positiva, proporcionándote principios para el crecimiento personal, herramientas para la transformación y una conexión espiritual que te guía hacia el bienestar integral.

La resiliencia ha sido una constante en mi vida. Una de las muchas anécdotas que podrían compartir ocurrió durante mi época universitaria en el Instituto Politécnico de Panamá, donde estudiaba ingeniería en sistemas. Un mañana, convocado para un examen semestral, no tenía dinero para el pasaje. Mi madre, que trabajaba en un restaurante, me pidió que pasara por allí, pero al llegar, todavía no tenía el dinero necesario. La universidad estaba a dos horas y media de mi casa, y ya se me hacía tarde. Un camionero, al escuchar mi situación, se ofreció a llevarme. Aunque sabía que no tendría dinero para comer ni para regresar a casa, acepté su ayuda. Al llegar a la ciudad de Panamá, el camionero no pudo desviarse y me dejó a unos 25 minutos de la universidad. Llegué tarde al examen de "Introducción al procesamiento y análisis de sistemas", y la profesora no me permitió presentarlo. Decepcionado y con la mente nublada, arrojé mis libros y cuadernos desde el balcón del segundo piso, prometiéndome a mí mismo que nunca más permitiría que algo así volviera a ocurrir. Decidí que era momento de replantear mi situación, contribuir económicamente en casa y, sobre todo, no abandonar mis objetivos. Esa experiencia se convirtió en una de mis mayores motivaciones.

Hoy, para la honra y gloria de Dios, cuento con varias licenciaturas, posgrados y maestrías. Como dijo el apóstol Pablo, "No es que lo haya alcanzado ya, pero prosigo a la meta". Mi deseo es que este libro y las vivencias que descubrirás en su interior te ayuden a encontrar ese motivo transformador e inspirador, sirviendo como una herramienta de renovación del entendimiento a través de los principios y fundamentos que aquí se expresan. Te invitamos a sumergirte en sus páginas, sin precondiciones, para que experimentes una transformación renovadora.

Agradecimientos

En primer lugar, quiero agradecer a Dios, quien ha puesto en mí tanto el deseo como la capacidad para alcanzar este objetivo. Agradezco por la salud y la oportunidad que me ha brindado para llevar a cabo esta obra. A mi madre y a mi padre (q.e.p.d.) por su amor y modelo inspirador, mi influencer atemporal.

De manera especial, expreso mi gratitud a mí, amada esposa, Iris Amador de Góndola, por su apoyo incondicional, y a sus padres, hermanos y familiares. A mis hijos, Irvin Andray Góndola, Andray Eliecer Góndola, y Andrea Vanesa Góndola, quienes son mi inspiración constante.

A mis hermanos Noel Góndola Racero, Ariel Góndola Racero, Eloísa Racero, Marina Góndola y Adriana Góndola, así como al resto de mi familia, tanto materna como paterna.

Mención especial merece mi amigo y hermano, Juan Toribio Samuel, quien acuñó la frase "cerrar puertas y ventanas", que ha sido parte de mi vida. Y el doctor Michael Simons Hafemann quien estuvo ahí, me apoyo y creyó en mí cuando más lo necesitaba. ¡Mi Viejo! A mis compañeros y garras de la cuarta promoción, los Lanceros del Instituto Militar General Tomás Herrera, (Rio Hato, provincia de Coclé, Rep. Panamá), les agradezco por ser parte de mi formación y crecimiento.

Quiero expresar mi sincero agradecimiento a los colegas y profesionales de la radiología, una disciplina a la que también tengo el honor de pertenecer, quienes han sido parte fundamental en mi vida y formación. Extiendo igualmente mi gratitud a mis compañeros y profesores de la licenciatura en biología, de derecho y ciencias políticas, así como a mis compañeros de postgrado y maestría, quienes con su apoyo y enseñanza han contribuido significativamente a mi desarrollo personal, académico y profesional.

No puedo dejar de expresar mi gratitud a todos los amigos y conocidos que me incentivaron e indujeron a escribir este libro, diciéndome: "¿Por qué no escribes un libro?". Sus palabras fueron el empuje que necesitaba para lograrlo

Quiero cerrar este agradecimiento incluyendo a mis hermanos de la congregación de la Iglesia Adventista Central de Almirante, Bocas del Toro, Rep. De Panamá, mi hermano mayor Ernesto Dosman Hoy; así como al resto del distrito eclesiástico, pastores y hermanos de toda la Misión de Bocas del Toro de los adventistas del Séptimo día.

Introducción

En el ciclo inevitable de la vida: nacer, crecer, desarrollarse y, finalmente, morir, es fundamental detenernos y formular dos preguntas esenciales: ¿Por qué estoy aquí? Y ¿para qué estoy aquí? Estas interrogantes, cargadas de significado, representan el punto de partida para descubrir los propósitos que definirán nuestra existencia y le otorgarán sentido.

Vivir con propósito no es simplemente desear, sino aspirar legítimamente a mejorar, evolucionar y alcanzar nuevas experiencias. Se trata de buscar lo mejor que la vida tiene para ofrecer, utilizando las herramientas adecuadas para lograr una vida plena, y, en el proceso, encontrar esa paz que sobrepasa todo entendimiento. En este trayecto, es crucial identificar nuestros valores y aspiraciones más profundas, estableciendo metas concretas que orienten nuestra vida hacia la dignidad, el decoro, la salud, la solvencia, el gozo y la alegría. Este enfoque nos prepara para enfrentar y superar los desafíos que inevitablemente surgirán en el camino.

Es importante recordar que el propósito de la vida no es estático, sino que evoluciona con el tiempo, moldeado por nuestras experiencias y relaciones. No caminamos solos en este viaje; el propósito es una experiencia compartida, donde las emociones juegan un papel esencial, guiándonos hacia nuestros objetivos y proporcionándonos la energía necesaria para alcanzarlos.

Este libro, *Sabiduría Atemporal*, es una invitación a explorar el poder transformador de la sabiduría que ha trascendido el tiempo. Una sabiduría que no solo guía nuestras decisiones cotidianas, sino que también moldea nuestras vidas hacia un propósito elevado. La obra nace de mis experiencias personales y del profundo deseo de inspirar a otros a encontrar sentido y propósito en sus vidas.

Escrito con un objetivo claro, este libro ofrece principios prácticos y espirituales para lograr una vida plena, arraigada en valores trascendentales, y en un compromiso firme con la disciplina, el crecimiento personal y la conexión espiritual. En su primera sección, *Fundamentos para una Vida con Propósito*, se establecen los pilares que cada ser humano necesita para vivir de manera significativa. Aquí se abordan temas esenciales como la motivación y la disciplina, herramientas clave que forjan nuestro carácter y nos preparan para afrontar las adversidades.

En la segunda sección, profundizamos en el poder transformador de nuestras creencias y pensamientos. Lo que creemos sobre nosotros mismos y el mundo tiene el poder de moldear nuestra realidad. En este apartado, examinaremos cómo nuestros pensamientos pueden ser la diferencia entre el éxito y el fracaso, la esperanza y la desesperación.

El verdadero propósito de la vida no se encuentra en lo que poseemos, sino en cómo vivimos cada día. La gratitud y el amor propio son pilares fundamentales para una vida significativa. Aprender a valorar el simple hecho de vivir y agradecer las oportunidades que Dios nos otorga es esencial para alcanzar una existencia plena.

Sabiduría Atemporal no es solo un libro de enseñanzas; es una hoja de ruta para quienes buscan crecer espiritualmente, superar obstáculos personales y construir una vida con propósito. En un mundo donde la superficialidad y la falta de dirección pueden dejarnos vacíos, esta obra te invita a profundizar en lo que realmente importa.

La esencia de este libro radica en los principios universales que he descubierto a lo largo de mi vida: la fe, la disciplina, el amor propio y el servicio a Dios. Estos son los pilares que nos permiten vivir con propósito, superar los retos más difíciles y encontrar paz en cada paso del camino.

Te invito a emprender este viaje hacia una vida con propósito. A descubrir cómo la sabiduría atemporal puede aplicarse a tus propios desafíos y cómo puedes vivir una vida de disciplina, gratitud y fe. Este es solo el comienzo de una conversación que espero continuar a lo largo de estas páginas.

Reflexión:

Nuestra existencia está llena de incertidumbre y desafíos constantes que amenazan nuestro bienestar. Desde desastres naturales hasta conflictos sociales, enfrentamos un sinfín de situaciones que pueden interrumpir nuestras metas y sueños, y en algunos casos, hasta poner en peligro nuestra vida. Estos eventos, muchas veces impredecibles, nos muestran cuán frágiles somos y cómo, en un instante, todo lo que conocemos puede cambiar.

Los desastres naturales, por su propia naturaleza impredecible, inevitablemente causan pérdidas en algún momento y lugar. Las controversias sociales, a menudo impulsadas por aquellos que actúan sin escrúpulos, erosionan la seguridad y la libertad de la sociedad. Estos actos, motivados por intereses egoístas y alejados del bien común, nos exponen continuamente a peligros que pueden truncar nuestras aspiraciones y vidas.

Además, no solo somos víctimas de las acciones de otros; a veces, sin darnos cuenta, nos convertimos en nuestros propios enemigos. Nuestras debilidades y bajas pasiones pueden llevarnos a la autodestrucción, dañando nuestra dignidad y alejándonos del propósito que Dios tiene para nosotros. Sin embargo, no estamos destinados a sucumbir ante esta realidad.

Si logramos discernir el verdadero propósito de nuestras vidas, nos daremos cuenta de que la respuesta está en entregarnos completamente a

Dios. Vivir con gratitud, buscando agradar a Dios en todo lo que hacemos, y reflejar la majestuosidad de Cristo Jesús en nuestras vidas. No se trata solo de buscar una felicidad pasajera, sino de experimentar el gozo profundo del Espíritu Santo, sabiendo que, pase lo que pase, estamos seguros en Jesús.

Es evidente que estamos a merced de los acontecimientos de este mundo, pero con Dios, podemos enfrentarlos y superarlos. El propósito trascendental de nuestras vidas radica en vivir con gozo al comprender nuestra completa dependencia del Dios.

Aceptar esta verdad y vivir con la convicción de las promesas de Dios nos permite regocijarnos en ella y tener esperanza. No debemos malgastar el tiempo, pues ningún día está garantizado para nadie.

"Y no sabéis lo que será mañana. Porque, ¿Qué es nuestra vida? Apenas un vapor que aparece por poco tiempo y pronto se desvanece."(Santiago.4:14 RV2000)

Hace algunos años, vi una película titulada *Paga a Terceros.* En ella, el protagonista, un niño, en una entrevista con un reportero, dejó una reflexión que me impactó profundamente: "Hay que observar más a las personas". En ese momento, el niño explicaba cómo muchas personas no logran alcanzar ciertas cosas en la vida porque tienen miedo; están paralizadas por el temor o el desconcierto. Esta idea resonó en mí porque revela una verdad silenciosa: muchas personas cargan con pesares emocionales que no son evidentes a simple vista. Son almas cargadas, caminantes con heridas invisibles.

Es fundamental observar a las personas con mayor profundidad. Es posible que no podamos aliviar todas sus cargas, pero podemos ofrecer comprensión, perdón y ayuda.

En este mundo lleno de almas heridas, hagamos de la compasión una práctica diaria. Al observar con profundidad y empatizar con sinceridad, nos convertimos en instrumentos de conexión espiritual y bienestar integral, permitiendo que el amor y la luz divina transformen nuestras vidas y las de quienes nos rodean. *"Muchas personas no logran alcanzar ciertas cosas en la vida porque tienen miedo; están paralizadas por el temor o el desconcierto".*

Un Canto a la Verdad

Desde el principio, cuando el soplo divino encendió la luz, el universo fue trazado con propósito eterno. Dios es el origen, el fin y el camino, y en su palabra todo encuentra sentido.

Él rompe cadenas y guía al perdido, la fe abre caminos y la obediencia bendice. La victoria es para los valientes en Dios, y su justicia nunca falla.

La historia de los pueblos canta su fidelidad, y en la prueba, su misericordia se renueva. Quien siembra justicia cosecha paz, quien vive en verdad habita en esperanza.

Aun en lo oculto, Él teje su propósito, levanta al caído y restaura lo roto. La sabiduría sin fidelidad es vana, pero el temor de Dios es el principio del todo.

El amor es más fuerte que la muerte, es un reflejo del amor divino. Su reino es eterno y su salvación segura, pues Cristo es el Verbo, la luz, la vida.

El Espíritu de Dios transforma corazones, la gracia redime y la fe sostiene. Quien en Cristo reposa nunca será vencido, quien espera en Él jamás será avergonzado.

La justicia de Dios es segura, Él exalta al humilde y derriba al soberbio. La fidelidad abre las puertas del cielo, y su amor es inquebrantable.

Su poder perfecciona la debilidad, su Espíritu enciende la llama eterna. La verdad resplandece en quien la busca, y la fe sin obras es solo un eco vacío.

Camina en la luz, pues el tiempo es breve, pelea la buena batalla y no te desvíes. Cristo es el Alfa y la Omega, su victoria es segura y eterna.

Y cuando el día llegue a su ocaso, y los tiempos se sellen en gloria, su pueblo cantará por siempre: **Santo, Santo, Santo es el Señor.**

Felicito Góndola Jr.

¡No Estoy Solo!

¡Estoy conmigo, y no estoy solo!
¡Estoy con los paisajes más hermosos, que!
dibujan las nubes en la inmensidad del cielo!
¡Estoy con la serenidad, de un mar en calma,
espejo, y reflejo, de sol radiante!

¡Estoy conmigo, y no estoy solo!
¡Estoy con los azules, y los verdes,
que se dejan ver a la distancia, y
con ellos; ¡el viaje infinito del pensamiento!

¡Estoy conmigo, y no estoy solo!
¡Estoy con el día a día, compromiso
ineludible, del quehacer patriótico!
¡Con la verdad, la humanidad, y el amor!

¡Estoy conmigo, y no estoy solo!
¡Estoy con mis recuerdos, con mis ideales!
¡Estoy creando mi futuro, y alimentando mi fe!
¡Estoy conmigo, y no estoy solo!
¡Estoy con la vida, y ahora, con Dios!

Felícito Góndola Jr.

Este poema invita a recordar que, aunque en la vida podamos sentirnos en soledad, siempre estamos acompañados. No solo en compañía de la naturaleza y sus paisajes, sino también en la serenidad de nuestro propio ser y, más allá de eso, en la conexión espiritual con Dios. Expresa cómo, al encontrar paz dentro de nosotros, podemos percibir la grandeza de la vida y ver en la soledad una oportunidad para descubrir el propósito divino y para sentir la presencia de Dios en todo lo que nos rodea.

El poema ¡No Estoy Solo! Nos recuerda que, al vivir conscientemente y en armonía con los valores eternos de la humanidad, hallamos fortaleza, esperanza y una comunión que va más allá de lo visible. Es en ese caminar en solitario donde la sabiduría de Dios se manifiesta en cada momento y rincón de la vida. Nos impulsa a abrazar el presente y a reconocer la presencia de lo divino incluso en el silencio de la soledad.

"El Señor está en medio de ti, poderoso, él salvará. Se gozará sobre ti con alegría, te pacificará con su amor, se regocijará sobre ti con cantar." (Sofonías 3:17, RV2000)

Este versículo ofrece una confirmación poderosa de que nunca estamos realmente solos. Incluso en los momentos de quietud y reflexión, Dios está presente, fortaleciendo y guiando con su amor. Te invito, apreciado lector, a reflexionar sobre el sentido de una compañía que trasciende lo físico y se convierte en una presencia divina y eterna en nuestras vidas.

"Este libro te acompañará en este trascendental viaje hacia la sabiduría, ofreciéndote herramientas prácticas, reflexiones profundas y ejemplos inspiradores que te guiarán en la construcción de una vida plena y significativa".

Sabiduría
Atemporal
Sección 1
Felicito Góndola JR

SABIDURÍA ATEMPORAL

Sección 1: Fundamentos para una Vida con Propósito.

Motivación y disciplina. Un monedero sin plata y un estómago vacío. – sin esperanza.

Las personas que carecen de un propósito claro en la vida a menudo se encuentran atrapadas en la superficialidad. Sus creencias son frágiles, pocas cosas les importan verdaderamente, y no tienen nada por lo que sientan que vale la pena vivir.

Hace algún tiempo, presencié una entrevista en un programa de televisión panameño llamado "Gente que Inspira". La entrevistada era una mujer joven proveniente de la campiña del interior del país. Durante la entrevista, relató cómo su madre se vio obligada a trasladarse con ella a la ciudad capital cuando era niña, debido a la precaria situación económica que atravesaban. Esta decisión implicó dejarlo todo atrás. Durante la entrevista, narró las dificultades que enfrentó al llegar a la ciudad, a menudo comparada con una selva de cemento. Incluso compartió experiencias sobre las burlas que sufrió en la escuela debido a su marcado acento del interior.

A pesar de todas estas adversidades, ella logró abrirse camino con determinación y entereza. Sus logros incluyeron convertirse, entre otras cosas, en la jefa encargada de los controladores aéreos en el Aeropuerto Internacional de Panamá. Esta profesión, en aquel entonces, estaba dominada principalmente por hombres, lo cual es admirable.

Lo que más me impactó de esta joven fue su respuesta cuando la entrevistadora le preguntó qué la impulsó a fijarse objetivos, a perseguir metas y seguir adelante sin desmayar. Su respuesta fue contundente: "Un estómago vacío, un monedero sin monedas y otra razón que no recuerdo en este momento". Es impresionante cómo una situación difícil puede convertirse en un motor para impulsarnos a alcanzar la transformación hacia lo positivo, e incluso a lo mejor, convirtiendo aquello que en un momento nos deshonra en algo digno de elogio, como la valiosa criatura que somos a los ojos de Dios.

A menudo, nos encontramos en situaciones similares: quedarnos sin dinero para un pasaje de regreso a casa, la imposibilidad de almorzar, el miedo de expresar un deseo de estudio a nuestros padres para no ser una carga adicional, entre otras situaciones desafiantes.

Sin embargo, caer en el desánimo o dejarnos influenciar por propuestas negativas, tanto de otros como de nuestros propios pensamientos, no nos lleva a ninguna parte. En lugar de ello, debemos buscar nuevos horizontes que cambien la situación y nos impulsen al próximo nivel. No se trata solo de situaciones específicas, sino de cada desafío cotidiano que enfrentamos en diferentes momentos de nuestras vidas.

Motivación y Disciplina: Forjando el Camino hacia el Crecimiento Personal.

Cuando tenía aproximadamente 15 años, durante una celebración patria en Panamá, tuve la oportunidad de presenciar un desfile en la ciudad de Colón. Lo que más me impactó fue ver a un grupo de estudiantes de un colegio marchando con un porte y desplazamiento militar impecables. Después supe que era el Instituto Militar General Tomas Herrera, Inmediatamente me sentí identificado con ellos y le expresé a mi madre, mi influencer atemporal, mi deseo de ingresar a esa institución educativa.

Fue en ese colegio donde aprendí lo que para mí es el significado de la disciplina y cómo ésta se convirtió en una herramienta fundamental para mi desarrollo personal. Desde el sonido del clarín que nos despertaba en la madrugada hasta la estricta rutina diaria, cada aspecto de la vida en el colegio me enseñó a cultivar la disciplina.

Recuerdo con claridad la sensación de escuchar el clarín y tener que levantarme de inmediato, calzarme las zapatillas y correr al patio de armas. Allí, el instructor nos daba instrucciones precisas, contando hasta diez para que nos alineáramos, y luego hasta tres para que estuviéramos listos. Era un procedimiento operativo estricto que se repetía cada mañana sin excusa.

Esta experiencia en el colegio militar sentó las bases de lo que hoy entiendo y utilicé y utilizo como herramienta para lograr mis objetivos: la disciplina. Si bien no es mi intención narrar en detalle las vivencias de ese periodo, puedo decir que aprendí a entrenar mi disciplina, a dominar mis emociones y a forjar la fuerza, resistencia y determinación necesarias para superar los desafíos y alcanzar el éxito.

Entrenar la disciplina es un proceso gradual y de mejora continua. Requiere esfuerzo y perseverancia, pero es fundamental para el crecimiento personal en todas las áreas de la vida: física, mental y espiritual. Sin disciplina, difícilmente lograremos ser extraordinarios o alcanzar nuestras metas más ambiciosas.

Hay quienes pueden interpretar este proceso como "el dolor de la disciplina", en referencia al sacrificio físico y mental que implica. Pero ese dolor se contextualiza de manera positiva, como el esfuerzo y la dedicación requeridos para lograr un verdadero crecimiento personal.

En mi vida actual, he mantenido un compromiso continuo con la disciplina. Ya no es el sonido del clarín, sino una alarma que me despierta en la madrugada. Después de una breve oración de agradecimiento, me alisto y salgo a correr para fortalecer mi cuerpo y prepararme para los retos del día.

La disciplina se ha convertido en una herramienta indispensable, no en algo abstracto, sino en un hábito que me permite mejorar mi conducta, enriquecer mi intelecto y crecer espiritualmente. Es el camino que me lleva a ser una versión mejor de mí mismo cada día.

Así que, si quieres lograr tus objetivos y alcanzar el próximo nivel, no dudes en entrenar tu disciplina. Enfréntate al "dolor de la disciplina" con perseverancia y determinación. Es la clave para convertirnos en la mejor versión de nosotros mismos.

Cuando el desánimo acecha, la disciplina avanza.

Hay días en los que el desánimo, falta de entusiasmo y la falta de voluntad puede asecharnos, amenazando con detener nuestro progreso. Sin embargo, es en esos momentos cuando la disciplina se convierte en nuestra más poderosa aliada.

La disciplina, cuando se entrena y se cultiva con determinación, se erige como un faro que ilumina el camino, incluso cuando las sombras del desaliento parecen querer engullirnos. Es hábito creado, es ella, la que nos impulsa a seguir adelante, a no rendirnos ante las dificultades y a perseverar en la consecución de nuestras metas.

Cuando el desánimo intenta abrirse paso, la disciplina se alza como un baluarte inquebrantable. Nos recuerda que, a través del esfuerzo constante y la perseverancia, podemos superar cualquier obstáculo que se interponga en nuestro camino.

No importa cuán abrumador pueda parecer el desafío, la disciplina nos brinda la fortaleza necesaria para avanzar, paso a paso, hacia la realización de nuestros sueños. Es ella la que nos mantiene enfocados, determinados y resilientes, incluso en los momentos más oscuros.

Así pues, cuando el desánimo amenace con detenernos, recordemos que la disciplina es la llave que nos permite seguir avanzando. Abracémosla como una compañera inseparable y dejemos que su poder transforme nuestros desafíos en oportunidades de crecimiento y éxito.

Reflexión Final.

La motivación y la disciplina son elementos cruciales para alcanzar nuestros objetivos y vivir de acuerdo con la voluntad de Dios. En el contexto de "Fundamentos para una Vida con Propósito," la Biblia nos ofrece principios y enseñanzas que nos inspiran a mantenernos motivados y disciplinados en nuestra vida cristiana.

Dios nos llama a vivir con propósito y pasión, trabajando con entusiasmo en todo lo que hacemos como si fuera para Él. En Colosenses 3:23-24, Pablo nos recuerda la fuente de nuestra motivación:

"Y todo lo que hagáis, hacedlo de corazón, como para el Señor y no para los hombres. Seguros de que recibiréis del Señor la

recompensa de la herencia. Porque a Cristo el Señor servís." Colosenses 3:23-24, (RV2000)

Este versículo nos anima a encontrar nuestra motivación en el servicio a Dios, sabiendo que Él ve nuestros esfuerzos y nos recompensará.

La disciplina es esencial para el crecimiento espiritual y personal. En hebreos 12:11, leemos sobre la importancia de la disciplina en nuestras vidas:

"Es verdad que, al presente, ninguna disciplina parece ser motivo de gozo, sino de tristeza, pero después da fruto apacible de justicia a los que en ella son ejercitados." Hebreos 12:11, (RV2000)

Este pasaje nos enseña que, aunque la disciplina puede ser difícil y dolorosa en el momento, produce frutos de justicia y paz en nuestra vida a largo plazo.

La motivación y la disciplina también son fundamentales para perseverar en nuestra fe. En Filipenses 3:13-14, Pablo comparte su actitud de perseverancia:

"Hermanos, no considero haberlo ya alcanzado; pero una cosa hago, olvido lo que queda atrás, me extiendo a lo que está delante, y prosigo a la meta, al premio al que Dios me ha llamado desde el cielo en Cristo Jesús." Filipenses 3:13-14, (RVR2000)

Este versículo nos motiva a seguir adelante, a pesar de los obstáculos, manteniendo nuestra mirada en el premio de nuestra llamada en Cristo.

Jesús es nuestro mayor ejemplo de motivación y disciplina. En Juan 4:34, Jesús revela su fuente de motivación:

"Jesús les dijo: Mi comida es hacer la voluntad del que me envió, y acabar su obra." Juan 4:34, (RV2000)

Jesús vivió con un propósito claro y una disciplina inquebrantable, dedicando su vida a cumplir la voluntad de su Padre.

Dios nos da la fortaleza necesaria para mantenernos motivados y disciplinados, incluso en nuestras debilidades. En 2 Corintios 12:9, Pablo comparte la promesa de Dios:

"Y me dijo: Bástate mi gracia, porque mi poder se perfecciona en la debilidad. Por eso, de buena gana me gloriaré más bien en mis debilidades, para que habite en mí el poder de Cristo." 2 Corintios 12:9, (RV2000)

Este versículo nos recuerda que no estamos solos en nuestros esfuerzos; Dios nos fortalece y su poder se manifiesta en nuestras debilidades.

La motivación y la disciplina son esenciales para vivir una vida que glorifique a Dios y alcance nuestros objetivos espirituales y personales. En el contexto de "Fundamentos para una Vida con Propósito," al encontrar nuestra motivación en el servicio a Dios, aceptar la disciplina como un medio para el crecimiento, perseverar en nuestra fe, seguir el ejemplo de Jesús y depender de la fortaleza de Dios, podemos vivir de manera efectiva y cumplir nuestro propósito divino.

Crea una la filosofía de vida: Aprende a vivir con sabiduría, para vivir antes que te quede poco tiempo o que sea tarde para ello. Un camino hacia el bienestar integral.

En uno de esos momentos extraordinarios y entrañables que compartí con mi madre, mi influencer atemporal, conversábamos animadamente sobre cómo mejorar la vida y el estilo de vida para promover la salud y prosperidad. Sus preguntas eran numerosas, reflejando la curiosidad natural de alguien que, no había tenido una educación formal. Sin embargo, con mis conocimientos sobre cómo llevar una vida más saludable en términos mental, físico y espiritual, pude ofrecerle algunos consejos basados en descubrimientos científicos y la sabiduría transmitida por expertos en estos campos.

Al concluir nuestra conversación, mi madre me miró fijamente y dijo con convicción: "Tienes razón en todo lo que dices. Es realmente acertado. Pero ¿cuándo aprendemos a vivir? ¿O cuándo aprendemos a hacer las cosas para vivir mejor? A menudo es demasiado tarde." Tenía entonces 90 años. Este momento me hizo reflexionar profundamente. Ahora entiendo plenamente la importancia de vivir con sabiduría y entendimiento antes de que sea tarde para disfrutar de sus beneficios.

La frase que resuena en mi mente: "Cuando aprendemos a vivir, parafraseando, nos queda poco tiempo para ello", es una llamada urgente a la acción. No podemos esperar a un futuro incierto para comenzar a vivir con sabiduría. El momento de actuar es ahora, en este preciso instante, tomando decisiones conscientes que nos acerquen a la vida que anhelamos.

Nunca es tarde para iniciar cambios en nuestras vidas, pero ciertas decisiones habría sido mejor comenzarlas desde temprano, especialmente cuando se trata de alcanzar altos niveles de sabiduría y discernimiento.

La sabiduría no se trata de acumular conocimientos, sino de comprenderlos y aplicarlos para tomar decisiones acertadas en pro de nuestro bienestar. Es desprenderse del "yo" inmediato y sus caprichos para enfocarse en lo que realmente nos conviene. Implica cultivar la disciplina, el sacrificio y la valentía para actuar de acuerdo con nuestros valores y propósitos que beneficien nuestro bienestar a largo plazo.

La sabiduría nos eleva por encima del mero conocimiento. Nos dota de la capacidad para discernir, elegir el camino correcto y actuar en consonancia con nuestros valores. Es la brújula que nos guía hacia una vida plena, significativa y llena de propósito.

La espiritualidad también desempeña un papel crucial en este proceso. Abrazar una doctrina o creencia espiritual que nos brinde un marco de valores y principios sólidos es fundamental para cultivar la sabiduría. Esta conexión con algo más grande que nosotros mismos nos otorga la guía y la fuerza necesarias para navegar los desafíos de la vida. La Biblia dice:

"Si alguno necesitas sabiduría, pídala a Dios, quien da a todos generosamente, y sin reprochar. Y le será dada." Santiago.1:5 (RV2000)

Esto significa buscar una sabiduría que trascienda nuestras opiniones y deseos momentáneos, guiándonos hacia decisiones que estén alineadas con nuestras metas y aspiraciones más profundas.

Recuerdo una conversación con un joven decidido a construir un futuro próspero, pero cuyos hábitos alimenticios y de ejercicio no eran adecuados. Le expliqué de manera sencilla que, para alcanzar sus objetivos a largo plazo, debía cuidar su salud desde ahora. Dejar hábitos nocivos como el consumo excesivo de azúcar y adoptar una vida activa no solo mejoraría su bienestar físico, sino que también aumentaría sus posibilidades de éxito en el futuro.

A veces, nuestras acciones no reflejan verdaderamente lo que decimos o sentimos. Amar significa procurar el bienestar de quienes nos rodean, incluso cuando no es conveniente para nosotros. Actuar con sabiduría implica alinearse constantemente con nuestros propósitos y metas, haciendo sacrificios y tomando decisiones que nos lleven hacia un futuro deseado.

Puedo concluir que vivir con sabiduría es más que acumular conocimiento; es vivir con una conducta que refleje la búsqueda constante, es un camino que se recorre día a día, con acciones conscientes y decisiones acertadas. Por el bienestar propio y de los demás. Actuar a tiempo, sin importar nuestra edad, es crucial para alcanzar nuestras metas y aspiraciones de manera satisfactoria.

El tiempo no espera. El momento de tomar decisiones sabias y transformar tu vida es ahora. No permitas que el arrepentimiento por lo no hecho nuble tu futuro. Toma las riendas de tu vida y comienza a vivir con sabiduría hoy mismo. Recordemos siempre que cada decisión sabía que tomamos contribuye significativamente a la calidad y el éxito de nuestra vida. Entrega tu vida a la búsqueda de la sabiduría te acercara a una vida plena. Abraza una doctrina o creencia espiritual que te brinde guía y fortaleza y observa cómo tu existencia se llena de luz, plenitud y significado.

Reflexión Final.

La Biblia nos proporciona una guía invaluable para desarrollar una filosofía de vida basada en la sabiduría divina. Esta sabiduría nos ayuda a vivir de manera prudente y recta, alineándonos con la voluntad de Dios y obteniendo bienestar integral.

En Proverbios 2:6, se nos recuerda que la verdadera sabiduría proviene de Dios:

"Porque el Señor da la sabiduría, de su boca nace el conocimiento y la inteligencia." Proverbios 2:6, (RV2000)

Este versículo nos insta a buscar la sabiduría de Dios como la base de nuestra filosofía de vida. Al buscar Su guía y dirección, podemos tomar decisiones que nos lleven a una vida llena de propósito y bienestar.

Además, el libro de Eclesiastés nos ofrece una perspectiva sobre la importancia de vivir con sabiduría antes de que sea demasiado tarde. En Eclesiastés 12:1, se nos aconseja recordar a nuestro Creador en los días de nuestra juventud:

"Acuérdate de tu Creador en los días de tu juventud, antes que vengan los días malos, y lleguen los años de los cuales digas: No tengo en ellos contentamiento." Eclesiastés 12:1, (RV2000)

Este versículo nos exhorta a vivir de manera consciente y sabía desde una edad temprana, para que podamos disfrutar de una vida plena y significativa antes de que lleguen los desafíos y limitaciones de la vejez.

La sabiduría también se refleja en nuestra capacidad para discernir el propósito de nuestra vida y vivir de acuerdo con él. En Proverbios 16:9, se nos enseña:

"El corazón del hombre piensa su camino, pero el Señor guía sus pasos." Proverbios 16:9, (RV2000)

Esto nos recuerda que, aunque podemos planificar y establecer metas, es Dios quien guía y dirige nuestros pasos hacia el propósito que Él tiene para nosotros. Vivir con sabiduría significa confiar en Su guía y permitir que Él dirija nuestras decisiones y acciones.

En Santiago 1:5, se nos anima a pedir sabiduría a Dios cuando la necesitemos:

"Y si alguno necesita sabiduría, pídala a Dios, quien da a todos abundantemente y sin reprochar. Y le será dada." Santiago 1:5, (RV2000)

Este versículo nos asegura que Dios está dispuesto a darnos la sabiduría que necesitamos para vivir de acuerdo con Su voluntad. Al pedirle sabiduría, podemos estar seguros de que Él nos guiará en el camino correcto hacia el bienestar integral.

Desarrollar una filosofía de vida basada en la sabiduría divina nos permite vivir de manera intencional y significativa. Al buscar la sabiduría de Dios y aplicar Sus principios en nuestra vida diaria, podemos alcanzar un bienestar integral que nos prepare para el presente y el futuro.

Nunca digas algo, nunca te digas algo que no edifique, de lo contrario cállate. Ten un diálogo interno positivo y edificante, evitando las palabras negativas.

En una de esas interminables conversaciones maravillosas y enriquecedoras que sostuve con mi madre; mi influencer atemporal. Hablábamos sobre cómo eran las convivencias y como eran sus padres. Para ponerlos en contexto, es importante mencionar que ella quedó huérfana de madre a temprana edad, antes de alcanzar la mayoría de edad, que en aquel entonces se otorgaba a los 21 años. Al morir su madre, quedó a cargo de la crianza de sus hermanos más pequeños, seis en total. El más pequeño creció con la idea de que su papá era una persona heroica, como todo niño idealiza a su padre.

Mi mamá me contó que, si bien su padre, como cualquier otro ser humano, tenía sus virtudes, defectos y desatinos, cuando alguno de los hermanos menores le cuestionaba sobre ciertos aspectos de su padre, ella reflexionaba y les decía lo bueno que era y lo maravilloso que fue vivir con él, aunque que él viajaba mucho por su trabajo en las montañas del norte de Colon. Sabiendo que en la convivencia con él hubo momentos difíciles, ella se mantuvo en la parte positiva y en lo que ellos siempre creyeron de su respetado padre.

Sin más, mirándome a los ojos, me dijo: "Hijo, si no vas a decir algo que edifique, mejor cállate la boca". Desde entonces, y mayormente ahora en mi adultez, reflexiono sobre la profundidad y el alcance de esa frase para el bien del crecimiento y la edificación de las personas que nos rodean y de nosotros mismos.

Tal conocimiento y sabiduría en una persona sin educación formal es sorprendente. La palabra de Dios dice, en Proverbios: 17:28 RV 2000: ***"Aún el necio, cuando calla, es contado por sabio; el que cierra sus labios es prudente"***. Es decir, sé sabio, sé prudente. Identifica el espíritu que te impulsa al momento de decir o elaborar un argumento. Tienes que identificar cuál es tu intención: si es edificar o destruir. Para utilizar el espíritu correcto, debe ser un espíritu enaltecedor, que eleve a las personas su espíritu y los impulse a ser mejores, trascender a otro nivel. Todo esto encierra esa frase y muchas otras cosas más.

Si no vas a decir algo que edifique, mejor cállate la boca. Enfatiza la necesidad de tener un diálogo positivo y edificante, evitando las palabras negativas.

Esta frase expresa una importante lección sobre la importancia de ser cuidadoso y responsable con nuestras palabras. Nuestras palabras deben tener un propósito constructivo, deben "edificar" o contribuir positivamente a la situación o a las personas que nos rodean. Esto implica ser conscientes del impacto que nuestras palabras pueden tener. A veces es mejor mantenerse en silencio que decir algo que no aporte nada positivo. Esto requiere discernimiento y moderación, saber cuándo es apropiado hablar y cuándo es mejor guardar silencio

Los psicólogos, después de estudios y numerosos muestreos, han concluido que la mente es influenciada y actúa, manifestando su poder proporcionalmente a lo que nutre el intelecto. Si lo que nutre el intelecto es positivo, nos hará vernos positivamente. En fin, seremos y actuaremos de manera positiva. Esto es crucial para identificarnos con lo que queremos lograr en nuestras vidas. Si no te vas a decir, algo que te edifique, mejor cállate y no te digas nada.

Tienes que ser cuidadoso y muy serio en lo que llevas a tu mente, con lo que nutres tu entendimiento y tus pensamientos. Ellos coinciden en que debe ser una palabra positiva, entendiendo lo positivo como aquello que te va a enriquecer, hacer mejor persona y llevarte a otros niveles hasta ese momento desconocidos y creativos. Tu mente lo tomará como una conducta, un hábito de ver siempre más allá de lo evidente, para ver las cosas y tomar ventaja de todo para tu edificación y crecimiento personal. Esto es crucial y necesario para reconstruir y construir de manera eficaz las simientes para lograr el excito.

Ante una situación adversa, podemos decirnos: "Esto también pasará, es un paso al éxito. Esto no me derrotará". Si bien es cierto, es un fortalecimiento, una prueba más que debo superar y seguir adelante hasta lograr mi objetivo. "Yo soy lo mejor de mí mismo", por lo tanto, hago y actúo en base a este concepto bien arraigado en la profundidad de mi mente y mis pensamientos.

Nuestras palabras tienen poder, pueden ayudar u ofender, construir o destruir. Debemos asumir la responsabilidad de lo que decimos y cómo lo decimos. Es de suma importancia ser cuidadosos, responsables y constructivos con nuestras palabras, nuestra habla tiene un gran impacto, y debemos usarla de manera sabia y discreta para contribuir positivamente a nuestras vidas y a las de los demás.

Reflexión Final.

La Biblia nos ofrece una guía clara sobre la importancia de nuestras palabras y cómo debemos utilizarlas para edificar y no para destruir.

En Efesios 4:29, se nos instruye sobre el uso correcto de nuestras palabras:

"Ninguna palabra malsana salga de vuestra boca, sino la que sea buena para edificar a otros según sea necesario, para que de gracia a otros." Efesios 4:29, (RV2000)

Este versículo nos insta a evitar palabras dañinas y, en su lugar, hablar de manera que nuestras palabras beneficien y construyan a los demás. Nos recuerda que nuestras palabras deben ser una fuente de gracia y ánimo.

Además, en Proverbios 18:21, se nos advierte sobre el poder de la lengua:

"La muerte y la vida están en poder de la lengua, el que la ama comerá de sus frutos." Proverbios 18:21, (RV2000)

Este versículo subraya la responsabilidad que tenemos con nuestras palabras, ya que pueden traer vida o muerte. Nos anima a usar nuestras palabras con sabiduría y cuidado, sabiendo que tienen un impacto duradero.

Santiago 3:5-6 también nos enseña sobre la importancia de controlar nuestra lengua:

"Así también, la lengua es un miembro pequeño, que se jacta de grandes cosas. Un pequeño fuego, ¡cuán grande bosque enciende! La lengua es un fuego, un mundo de maldad. Se halla entre nuestros miembros y contamina todo el cuerpo, inflama el curso de la naturaleza, cuando es inflamada por el infierno." Santiago 3:5-6, (RV2000)

Este pasaje nos advierte sobre el peligro potencial de la lengua si no la controlamos. Nos recuerda que, aunque es un miembro pequeño, puede causar un gran daño si no se usa correctamente. La sabiduría y el autocontrol son esenciales para hablar de manera edificante.

En Colosenses 4:6, se nos anima a que nuestras palabras sean siempre con gracia:

"Vuestra palabra sea siempre agradable, sazonada con sal, para que sepáis cómo conviene responder a cada uno." Colosenses 4:6, (RV2000)

Este versículo nos invita a hablar con amabilidad y sabiduría, asegurándonos de que nuestras palabras sean siempre apropiadas y edificantes. La gracia y la sabiduría deben ser los principios rectores en nuestra comunicación.

En Proverbios 15:4, se destaca el poder sanador de una lengua suave:

"La lengua que sana es árbol de vida; pero la perversa quebranta el espíritu." Proverbios 15:4, (RV2000)

Este versículo nos muestra que una lengua suave y amable tiene el poder de sanar y dar vida, mientras que las palabras perversas pueden causar daño y quebrantar el espíritu.

Ser conscientes de nuestras palabras y asegurarnos de que siempre sean edificantes es una práctica fundamental para vivir en armonía y construir relaciones saludables. Al aplicar estos principios bíblicos, podemos usar nuestras palabras para alentar, sanar y edificar a quienes nos rodean.

Resiliencia: "No puedo cambiar la dirección del viento, pero puedo ajustar las velas para ir en la dirección correcta". Capacidad de adaptarse a las circunstancias para lograr nuestros objetivos.

Sin duda alguna, ingresar al Instituto Militar General Tomás Herrera en Rio Hato, provincia de Coclé, República de Panamá, fue una experiencia que moldeó mi capacidad de resiliencia de manera única.

El ambiente del colegio era de estricta subordinación, donde cada aspecto de tu vida estaba regido por normas militares. Incluso tu identidad era moldeada por el ingenio del superior de turno, quien te asignaba un nombre que debías usar en su presencia. Desde el primer día, enfrenté un entorno exigente que requería disciplina sin excusas, fuerza física para superar desafíos y una fortaleza mental capaz de soportar cualquier adversidad sin ceder.

La jornada diaria implicaba intensas exigencias físicas, largas horas de estudio y la separación precoz de la familia y amigos, desafíos que debían ser superados con determinación y resistencia. Menos de un centenar de nosotros, de entre cientos de aspirantes, logramos graduarnos, un testimonio palpable de nuestra capacidad para adaptarnos y perseverar ante las pruebas más duras.

Recuerdo con claridad momentos particularmente desafiantes, como el desafío de las barras horizontales en el comedor. Mis brazos largos me complicaban alcanzar las 10 barras requeridas inicialmente, un obstáculo que superé con persistencia y esfuerzo. Otro desafío memorable fue la pista de cuerdas, donde dominar la técnica correcta era crucial para nuestra evaluación militar. Con la determinación de mejorar, practicaba junto a un compañero en la oscuridad de la noche, sorteando obstáculos y demostrando que la resiliencia puede convertir los desafíos en oportunidades de crecimiento personal.

Además, enfrenté la hostilidad de un superior que, por razones personales, intentaba desmotivarme y hacerme abandonar. Su constante hostigamiento era una prueba de resistencia emocional y autocontrol. Finalmente, mi respuesta firme y serena marcó un punto de inflexión, poniendo fin a la persecución y demostrando mi determinación de no sucumbir ante la presión.

Estas experiencias, entre muchas otras, forjaron mi fortaleza física, mental y emocional, enseñándome valiosas lecciones sobre la resiliencia y la capacidad de adaptación ante los desafíos más exigentes. Cada obstáculo superado reafirmó mi convicción de que, con determinación y un espíritu indomable, podemos transformar las adversidades en oportunidades para crecer y triunfar.

Mi experiencia en el Instituto Militar fue un verdadero desafío de resiliencia y superación personal. Desde el inicio, nos enfrentamos a un ambiente de disciplina implacable y exigencias físicas y mentales extremas. Cada día requería una fortaleza inquebrantable y una estrategia mental para perseverar, no solo por cumplir con los estándares del colegio, sino también por demostrar a mi madre y a mí mismo que podía superar cualquier adversidad.

Mi motivación estaba arraigada en el deseo de no defraudar a quienes confiaban en mí, especialmente a mi madre, quien sacrificó tanto para apoyarme. Esta convicción se convirtió en mi ancla en los momentos más difíciles, fortaleciendo mi determinación y enfoque en alcanzar mis metas. Cada obstáculo se transformó en una oportunidad para demostrar mi capacidad y enriquecer mi experiencia con la satisfacción de haberlo logrado.

El apoyo de mis compañeros fue fundamental durante este proceso. En ellos encontré no solo camaradería, sino también el estímulo necesario para mantenerme firme ante los desafíos. Nos convertimos en una red de apoyo mutuo, inspirándonos unos a otros para alcanzar nuevas alturas. Este sentido de comunidad y reciprocidad fortaleció nuestra resiliencia colectiva y nos ayudó a adaptarnos a las dificultades con determinación y coraje.

La experiencia en el Instituto Militar marcó un antes y un después en mi vida. Fue verdaderamente transformadora y sin duda alguna, una de las mejores experiencias que he tenido. Si tuviera la oportunidad de volver a elegir, ingresar nuevamente sería una decisión que tomaría con plena convicción, pues esta experiencia me convirtió en una persona más segura, empoderada y preparada para enfrentar los desafíos del mundo con fortaleza mental, física y emocional.

A través de las exigencias del colegio, descubrí mi capacidad de superar límites y transformar desafíos en oportunidades de crecimiento. Aprendí que la resiliencia no es solo la habilidad de enfrentar dificultades, sino también la capacidad de utilizar cada experiencia como fortaleza para alcanzar mis metas. En retrospectiva, el colegio me enseñó profundamente el significado de la resiliencia, preparándome para adaptarme a cualquier circunstancia y seguir adelante con determinación y confianza.

Además, este periodo significativo en mi vida me ayudó a conocerme mejor, desarrollar mis habilidades hasta superar mis propias expectativas y aprender el valor de la perseverancia y la disciplina. Cada día en el colegio fue una lección sobre cómo utilizar recursos, habilidades y fundamentos esenciales para alcanzar el éxito.

Desde mi ingreso hasta mi graduación del colegio, y hasta el día de hoy, cada experiencia ha sido una oportunidad para practicar la resiliencia, el esfuerzo, la adaptación y la comprensión de las circunstancias. Confío en Dios y en mi propia capacidad para superar cualquier obstáculo con una mentalidad positiva y determinada, sin permitir que nada ni nadie se interponga en el camino hacia mis metas y propósitos. Esta determinación sigue guiando mi vida diaria, fortaleciéndome para alcanzar mis objetivos con sabiduría y fortaleza mental y emocional.

Al reflexionar sobre mi trayectoria en el Instituto Militar General Tomás Herrera y en la vida en general, no puedo evitar recordar e identificarme con las palabras de José Luis Rodríguez "El Puma", quien en una de sus canciones expresó:

"Quién no ha dado nunca un solo paso en falso,

Y ha sentido ganas de volver atrás,
Quién no ha estado al borde de un abismo blanco,
A punto de saltar."

Estas líneas resuenan profundamente con mi experiencia personal de superación y resiliencia. Cada desafío, cada momento de duda o adversidad, ha sido una oportunidad para aprender y crecer. Como él canta:

"Yo también, cometí tantos errores,
Tantas veces he tenido que sufrir,
Esperando ver llegar tiempos mejores,
He pagado un alto precio por vivir."

Así como he enfrentado mis propios errores y tiempos difíciles, también he encontrado fuerza en la resiliencia y en la determinación de alcanzar la felicidad y el éxito. Como él concluye:

"Tengo derecho a ser feliz,
Tengo derecho a ser feliz."

Mi paso por este colegio militar no solo me ha enseñado disciplina y fortaleza, sino también el valor de perseverar y mantener la esperanza aún en los momentos más oscuros. Cada obstáculo ha sido una oportunidad para demostrar que, con fe y determinación, podemos superar cualquier desafío. Mi experiencia en el colegio militar ha sido parte del viaje hacia la felicidad y el crecimiento personal, resonando con la idea de que todos tenemos derecho a buscar y alcanzar la felicidad, a pesar de los desafíos que enfrentemos en el camino.

El mensaje central que deseo compartir a través de estas vivencias es el poder transformador de la resiliencia. Es la capacidad no solo de enfrentar las adversidades, sino de sobreponerse a ellas, adaptarse y salir fortalecido con las lecciones aprendidas hacia la consecución de nuestros objetivos. Este mensaje se refuerza con una cita que me inspira constantemente, proveniente de Juan 16:33 que dice: ***"Estas cosas os he hablado para que en mi tengáis paz. En el mundo tendréis aflicción. Pero tened buen ánimo yo he vencido al mundo"***. (RV 2000) Que nos recuerda que, aunque enfrentemos aflicciones, podemos tener paz porque el poder de superar está en nosotros con la certeza de que Dios está a nuestro favor.

Reflexión Final.

La Biblia ofrece valiosas enseñanzas sobre cómo enfrentar las adversidades con resiliencia, confiando en la guía y el apoyo de Dios. Estos principios nos ayudan a ajustar nuestras "velas" y encontrar el camino correcto, incluso cuando no podemos cambiar el "viento" de nuestras circunstancias.

En Filipenses 4:13, se nos recuerda que podemos enfrentar cualquier desafío con la fuerza que Dios nos da:

"Todo lo puedo en Cristo que me fortalece." Filipenses 4:13, (RV2000)

Este versículo nos enseña que, aunque no podemos cambiar nuestras circunstancias, podemos encontrar la fuerza y la capacidad para enfrentarlas en Cristo. La resiliencia se basa en confiar en el poder de Dios para darnos la fortaleza necesaria para superar cualquier dificultad.

En 2 Corintios 12:9, Pablo comparte cómo experimentó la suficiencia de la gracia de Dios en medio de sus debilidades:

"Y me dijo: Bástate mí gracia, porque mi poder se perfecciona en la debilidad. Por eso, de buena gana me gloriaré más bien en mis debilidades, para que habite en mí el poder de Cristo." 2 Corintios 12:9, (RV2000)

Este versículo nos muestra que la gracia de Dios es suficiente para nosotros, y Su poder se manifiesta en nuestra debilidad. En lugar de desanimarnos por nuestras limitaciones, podemos confiar en que la gracia de Dios nos permitirá ajustarnos y seguir adelante.

En romanos 8:28, se nos asegura que Dios obra en todas las cosas para nuestro bien:

"sabemos que todas las cosas obran para el bien de los que ama a Dios, los que han sido llamados según su propósito." Romanos 8:28, (RV2000)

Este versículo nos anima a confiar en que Dios tiene un propósito en todas las circunstancias, incluso en las difíciles. La resiliencia implica creer que, aunque no podamos controlar el viento, Dios está trabajando para nuestro bien y ajustando nuestras velas hacia Su propósito.

En Santiago 1:2-4, se nos instruye sobre cómo enfrentar las pruebas con gozo, sabiendo que producen resistencia y perfeccionan nuestro carácter:

"Hermanos míos, tened por sumo gozo cuando os halléis en diversas pruebas, porque vosotros sabéis que la prueba de vuestra fe produce paciencia. Pero tenga la paciencia su obra completa, para que seáis perfectos y cabales, sin que os falte cosa alguna." Santiago 1:2-4, (RV2000)

Este pasaje nos enseña que las pruebas son una oportunidad para desarrollar paciencia y fortaleza, y que estas cualidades son esenciales para nuestra madurez espiritual y personal.

En Salmos 34:19, se nos asegura que el Señor está cerca de los quebrantados de corazón y salva a los de espíritu abatido:

"Muchas aflicciones puede tener el justo, Pero de todas lo libra el Señor." Salmos 34:19, (RV2000)

Este versículo nos recuerda que, aunque enfrentemos muchas aflicciones, Dios está cerca de nosotros y nos liberará de ellas. La resiliencia se basa en confiar en la fidelidad de Dios para guiarnos a través de las dificultades y ajustar nuestras velas para seguir adelante.

La resiliencia nos permite enfrentar las adversidades con una actitud de fe y confianza en Dios. Al reconocer que no podemos cambiar las circunstancias, pero sí podemos ajustar nuestra respuesta y actitud, encontramos la fuerza y la guía divina para avanzar en la dirección correcta.

Aprovecha el tiempo: Administración eficiente después de un sueño reparador:

El tiempo es uno de nuestros recursos más valiosos y limitados. La manera en que administramos nuestras horas no solo determina nuestra productividad, sino también nuestro bienestar y éxito a largo plazo. Este capítulo se centrará en la importancia de aprovechar con eficacia el tiempo, especialmente después de un descanso reparador, destacando cómo este hábito puede transformar nuestra vida diaria.

El sueño juega un papel fundamental en nuestra salud física, mental y emocional. A menudo se asocia con el descanso, la reparación y la restauración, siendo una necesidad biológica esencial para el ser humano. No es casualidad que, ante cualquier condición de salud, los médicos recomienden el descanso absoluto como una forma de ahorrar energía, permitiendo que el cuerpo se enfoque en reparar y mejorar el estado de salud del afectado. El sueño, por lo tanto, tiene una relación directa e indiscutible con la restauración de la salud, como lo demuestran numerosos estudios accesibles a través de diversos medios.

En el ritmo vertiginoso de la vida moderna, a menudo subestimamos la importancia del sueño, relegándolo a un segundo plano como un simple descanso pasivo. Sin embargo, el sueño es mucho más que eso. Es un proceso biológico fundamental que repara nuestro cuerpo, mente y espíritu, preparándonos para enfrentar los desafíos del nuevo día con energía, claridad y enfoque.

Utilizando un lenguaje coloquial, debemos reconocer que el sueño es parte integral de nuestro diseño biológico. Es crucial para el mantenimiento y desarrollo de la vida, y nuestro cerebro está programado para saber cuándo necesitamos descansar. La pregunta entonces es: ¿de qué descansamos? La respuesta es que descansamos de las actividades que hemos realizado durante todo el día. Durante el sueño, nuestro sistema biológico tiene la oportunidad de reparar cualquier daño sufrido por el estrés y la actividad diaria. Aunque parezcamos estar en un estado de inconsciencia, el cerebro continúa con sus funciones, minimizando el uso de energía y simplificando actividades para concentrarse en la restauración.

Este proceso de reparación y restauración incluye la coherencia y la coordinación biológica de nuestras células, que han estado sometidas al estrés y la alerta constante durante el día para mantenernos protegidos. Durante el sueño, nuestro cuerpo realiza una serie de tareas cruciales para su correcto funcionamiento. Se reparan tejidos dañados, se fortalece el sistema inmunológico, se consolida la memoria y se regulan las hormonas.

Dormir lo suficiente y de calidad no es un lujo, sino una necesidad biológica para mantener una salud física y mental óptima. La privación del sueño, por otro lado, tiene graves consecuencias, como fatiga crónica, disminución del rendimiento cognitivo, irritabilidad, depresión e incluso un mayor riesgo de padecer enfermedades crónicas.

Para aprovechar al máximo el poder restaurador del sueño, es importante establecer hábitos de sueño saludables. Esto incluye: Establecer un horario regular de sueño y despertar, incluso los fines de semana. Crear un ambiente de sueño propicio, oscuro, silencioso y fresco, es fundamental para un buen descanso y necesario para mejorar la calidad del sueño. Evitar la cafeína y el alcohol antes de acostarse. Realizar actividad física regular, pero no cerca de la hora de acostarse. Relajarse antes de dormir con actividades como leer o tomar un baño caliente.

Como resultado, el sueño representa un ahorro de energía y una renovación que nos permite despertar con nuevas energías. Un buen descanso nocturno prepara tanto al cuerpo como a la mente para enfrentar el día con claridad y vigor, llena de vitalidad, permitiéndonos disfrutar de nuestras actividades con entusiasmo y pasión.

Cuando comprendemos el significado estricto del término "sueño reparador", concluimos que el sueño repara todo lo que ha sido dañado o exigido durante nuestras actividades diarias. Después de un sueño reparador, nos sentimos renovados, energizados y listos para afrontar los desafíos del día. Nuestra mente está clara y enfocada, permitiéndonos pensar con mayor creatividad y resolver problemas de manera más efectiva.

El sueño reparador es la base de una vida plena y significativa. Al priorizar el sueño, invertimos en nuestro bienestar físico, mental y emocional, permitiéndonos alcanzar nuestro máximo potencial. Dormir bien es un acto de amor propio. Prioriza tu descanso y descubre el poder transformador de un sueño reparador. Tu mente y tu cuerpo te lo agradecerán.

Levantarse temprano:

Levantarse temprano es una práctica fundamental para quienes buscan llevar una vida equilibrada y productiva. En este apartado, exploraremos por qué este hábito puede ser transformador y cómo se alinea con la búsqueda de una vida con propósito. Muchos de los grandes logros en diversas áreas se han alcanzado gracias a la práctica de levantarse temprano

Desde mi temprana infancia, levantarse temprano ha sido una constante en mi vida. Desde muy joven, me levantaba temprano a acompañar a mi madre en sus labores diarias. Siendo el mayor de los hijos, era mi obligación acompañarla en todas las tareas. Mi madre tenía negocios de comida y hacíamos productos artesanales para la venta. Entre los 8 y 9 años, nos levantábamos a las 2 o 2:30 de la madrugada para realizar estas labores, y luego iba a la escuela. Esta rutina me inculcó la disciplina y el valor del tiempo, dos pilares fundamentales que han contribuido a mi éxito personal y profesional.

Recuerdo que el colegio, en su primer ciclo, quedaba a dos horas de camino debido al tráfico. Teníamos que levantarnos a las 3:00 a 3:30 de la mañana para estar listos y tomar el bus a las 4:30 o 5:00 de la mañana, y así llegar a tiempo para las clases que comenzaban a las 7:00 a.m. Ni hablar de mi experiencia en el instituto militar, donde el clarín sonaba temprano en la madrugada, aun estando oscuro, para iniciar la rutina diaria.

Madrugar ha sido una constante en mi vida, y aún hoy, para mis labores, siempre he tenido que levantarme temprano. Madrugo para revisar mi rutina, hacer mi devocional y meditaciones, planificar mi día y llegar temprano a mis compromisos. Permitiéndome iniciar mis obligaciones de manera efectiva.

Más allá de una simple obligación, madrugar se ha convertido en un hábito que me permite aprovechar al máximo el día. En la quietud de la madrugada, encuentro la paz y la concentración necesarias para organizar mis pensamientos, establecer mis metas y planificar mi jornada de manera eficaz. Es como tener un lienzo en blanco frente a mí, listo para ser pintado con las pinceladas de mis sueños y aspiraciones.

Levantarse temprano me hace sentir importante, como si estuviera tomando el día con determinación y eficacia. Vivir en el campo me conecta con la naturaleza, me ha brindado el privilegio de disfrutar de la belleza y serenidad de las mañanas tempranas. El canto de los pájaros, la brisa fresca y el sonido del silencio me conectan con la naturaleza y me inspiran a cultivar una actitud positiva y agradecida. Es un momento de introspección y crecimiento personal, donde puedo reflexionar sobre mis prioridades y fortalecer mi conexión espiritual.

Madrugar es un antídoto contra la pereza y la ociosidad. Levantarse temprano es un acto de determinación y disciplina. Es una declaración de que estamos dispuestos a tomar control de nuestro día y aprovechar al máximo cada minuto. Al vencer la pereza y la ociosidad, nos abrimos a un mundo de posibilidades y oportunidades.

Cada nuevo amanecer es un regalo de Dios, más que levantarse temprano, es una oportunidad para comenzar de nuevo y perseguir nuestros sueños con renovada energía. Es un momento para agradecer las bendiciones recibidas, seguir el ejemplo de Jesús; ***"Muy temprano de mañana, aún oscuro, Jesús se levantó, fue a un lugar solitario, y se puso a orar"*** Marcos 1:35 (RV 2000) y expresar nuestra disposición a servir a los demás.

Levantarse temprano no es solo una cuestión de horarios; es una filosofía de vida que nos invita a aprovechar al máximo nuestro potencial. Es una forma de vivir con propósito, pasión y entusiasmo, buscando siempre la excelencia en todo lo que hacemos.

Además de los beneficios espirituales y emocionales, levantarse temprano también tiene un impacto positivo en nuestra salud física y mental. Nos permite realizar ejercicio físico con mayor facilidad, mejorar nuestra concentración y productividad, y reducir los niveles de estrés.

Organizar nuestro tiempo desde temprano nos permite ser puntuales y organizados, llegar a nuestros compromisos a tiempo, damos un buen ejemplo demostrando que valoramos el tiempo, y que estamos comprometidos con nuestras responsabilidades. Lo cual es bien valorado por quienes nos rodean. Evitamos el estrés de andar apresurados y tenemos tiempo para realizar nuestras actividades de manera ordenada y eficiente.

Consejo para desarrollar el hábito de despertarse temprano: Ir a la cama y despertar a la misma hora todos los días, incluso los fines de semana. Esta regularidad ayuda a regular el reloj biológico y mejora la calidad del sueño.

Planifica actividades motivadoras y atractivas para la mañana, como una sesión de ejercicio, un desayuno nutritivo o tiempo para una afición. Tener algo que esperar al despertar facilita el proceso de levantarse temprano.

Desarrollar un nuevo hábito toma tiempo. No te desanimes si al principio encuentras dificultades para levantarte temprano.

La paciencia y la consistencia son claves para lograr el éxito a largo plazo. Estos consejos te ayudarán a incorporar el hábito de levantarse temprano en tu vida diaria, mejorando tu productividad, salud y bienestar general.

Levantarse temprano no es solo una cuestión de madrugar; es una forma de vivir con propósito, disciplina y agradecimiento. Es un hábito que nos permite alcanzar nuestras metas, mejorar nuestro bienestar y ser un ejemplo positivo para los demás. Te invito a unirte a mí en este viaje hacia una vida más plena y exitosa, ¡comenzando por despertarte temprano mañana!

Administración eficiente del tiempo: Un tesoro invaluable para una vida con propósito:

El tiempo, es un elemento intangible que fluye sin cesar. Su administración eficiente es esencial para vivir una vida con propósito. Gestionar bien nuestro tiempo nos permite ser más productivos, reducir el estrés y encontrar un equilibrio entre nuestras responsabilidades y nuestras pasiones. La forma en que lo administramos determina en gran medida nuestro éxito y bienestar, permitiéndonos alcanzar nuestras metas y vivir una vida con propósito.

El tiempo es un recurso invaluable y limitado. Como lector, probablemente ya tengas una percepción y definición personal del tiempo, construida a través de tus experiencias diarias. Sin embargo, para fines de este texto, vamos a considerar el tiempo como algo definido, con un principio y un fin, una dádiva que nos brinda la oportunidad de construir una vida plena y significativa. Lo cual es esencial para llevar una vida con propósito.

A diferencia de la percepción popular que lo visualiza como algo indefinido, el tiempo posee límites claros. Desde el momento en que nacemos hasta el día en que morimos, nuestra vida está enmarcada en períodos de tiempo bien definidos. Hay un tiempo para nacer, para crecer, para vivir y, finalmente, para morir. Este ciclo de vida incluye varias etapas: la concepción y el desarrollo embrionario, la etapa neonatal, la infancia, la adolescencia, la juventud, la adultez, y finalmente, la tercera edad. Cada una de estas etapas tiene su propio período determinado de tiempo, el cual nos brinda la posibilidad de crecer, aprender y experimentar.

Dado que nuestra vida está dividida en estos períodos específicos, es crucial darle valor y utilizar nuestro tiempo de la manera más eficaz y beneficiosa posible. Cada minuto es una oportunidad para avanzar hacia nuestros objetivos y cultivar una vida con propósito. Se dice sabiamente que "el tiempo que se va, no vuelve". Esto se asemeja al flujo de un río: el agua que tocas una vez no es la misma agua que vuelves a tocar, porque la corriente se la ha llevado. De igual manera, el tiempo que se desperdicia no se recupera.

No sabemos cuándo llegará el fin de nuestro tiempo, pero sabemos que llegará. Por eso, debemos aprovechar cada segundo de nuestra vida para cultivar una vida con propósito y satisfacción. Las Sagradas Escrituras nos ofrecen valiosas enseñanzas sobre el aprovechamiento del tiempo. En Eclesiastés 12:1RV 2000, nos exhorta: ***"Acuérdate de tu creador en los días de tu juventud, antes de que vengan los días malos, y lleguen los años, de los cuales digas: 'no tengo en ellos contentamiento'"***. Este pasaje nos recuerda la importancia de usar nuestro tiempo sabiamente antes de que lleguen los días de la decadencia física y la pérdida de vitalidad. Es en la plenitud de nuestras fuerzas que debemos aprovechar al máximo las oportunidades que se nos presentan.

En la misma línea, Efesios 5:16 RV 2000 nos aconseja: ***"aprovechad bien el tiempo, porque los días son malos"*** reconociendo que vivimos en un mundo con desafíos y dificultades. La disciplina en la administración del tiempo nos libera de la tiranía de la urgencia y nos permite vivir de manera más plena y significativa. No se debe desperdiciar el tiempo, ya que su valor es incalculable. No en vano se ha dicho que "el tiempo es oro". Esta metáfora resalta la importancia de aprovechar cada instante con prudencia.

Estimado lector, aprovecha con sabiduría cada segundo que tienes. Programa tu vida de manera que puedas vivir plenamente, disfrutando del tiempo que se te ha dado. Al comprender su finitud y aprovecharlo con sabiduría, puedes alcanzar tus sueños. Tienes derecho a vivir una vida feliz y significativa. Al hacerlo, no solo vivirás mejor, sino que también cultivarás una vida con propósito. Recuerda, cada minuto cuenta, ¡no lo malgastes!

Método probado en mí:

Después de haber expuesto la importancia de la administración eficiente del tiempo, es crucial repasar e incorporar métodos probados para establecer objetivos específicos en un tiempo definido. Antes de mencionarlos y desarrollarlos de manera sucinta, sabiendo que muchos de ellos se pueden acceder a través de los recursos digitales con los que contamos, permítanme narrarles las rutinas a las que he estado expuesto y que ahora comprendo cómo métodos aplicados en el desarrollo de mi vida física y real.

Desde muy joven, mejor dicho, desde niño, he vivido sometido a un método para aprovechar y utilizar el tiempo de manera eficiente. Mi madre, aunque no tenía educación formal ni acceso a estos métodos modernos, era estricta en su proceder. A las 2:30 de la madrugada tenía que estar de pie, y cuando demoraba en levantarme y estar activo para empezar con la rutina, ella decía frecuentemente: "Apúrate hijo, que el tiempo es oro. Tenemos que aprovechar la mañana para lograr tener todo listo cuando empiecen a llegar los clientes".

Así comenzaba mi día: levantarme rápidamente, bañarme, alistarme y estar listo para salir a hacer las labores que me correspondían. Entre estas tareas estaba llenar los recipientes de agua en cantidad suficiente para enfrentar las necesidades del día, limpiar los utensilios a utilizar y empacar todo lo necesario para la exposición y venta del día entre otras cosas. Una vez hechas las tareas pertinentes, regresaba a casa para alistarme y asistir a la escuela. Después de la jornada escolar, volvía a ayudar a mi madre a culminar con las labores de la tarde: limpiar y dejar todo ordenado para el día siguiente, preparar lo necesario y finalmente, trasladarme a casa para estudiar y cumplir con mis obligaciones escolares, y así hasta tarde en la noche.

Este procedimiento estricto y metódico funcionaba porque logramos éxito en nuestras actividades y cultivaba mis habilidades y experiencias escolares. Sin lugar a duda, someterse a un método infalible ayuda a conseguir éxito. Mis años de juventud transcurrieron así, y luego en la escuela secundaria, tuve mi mayor y más grande experiencia en el Colegio Militar General Tomás Herrera. Allí, la disciplina y la carga horaria eran intensas. El clarín sonaba a una hora fija para despertarnos, y empezábamos nuestras tareas con entrenamiento físico: trotes de 3.5k y 7k entre otras rutinas de ejercicios. Después, nos bañábamos rápidamente, formábamos en el patio de armas, y escuchábamos el orden del día. Luego, pasábamos por el comedor y desfilábamos hasta las aulas para someternos al horario de clases. Al finalizar, volvíamos al comedor para almorzar, descansábamos un breve período y retomábamos nuestras actividades y entrenamientos militares hasta la noche. Este procedimiento operativo normal no admitía excusas.

No me cabe la menor duda de que someterse a un método y a un procedimiento operativo normal ayuda a la consecución de nuestras metas diarias y, así, día a día, a nuestro propósito de vida. En nuestra vida adulta, al igual que muchos otros, he tenido que someterme a horarios sacrificados y complejos para poder trabajar, estudiar y salir adelante en ambas cosas con éxito. Luego vienen los trabajos formales, resultado de nuestras carreras, y después la familia. En todas estas etapas, hemos estado sujetos a muchos métodos, y el éxito se lo podemos atribuir a ellos.

El llamado y la exhortación son a ser estrictos. Sin lugar a duda, someterme a un método, a un procedimiento operativo normal, ha sido la clave del éxito en mi vida. He comprobado que la disciplina y la organización son pilares fundamentales para alcanzar nuestras metas y vivir una vida plena.

La exhortación es clara: adopta un método, se disciplinado y el éxito estará a tu alcance. No se trata de sacrificar la felicidad, sino de encontrar un equilibrio entre nuestras responsabilidades y nuestros anhelos. Vivamos intensamente, persigue tus sueños y contribuye al bienestar de tus seres queridos. Se estricto, sométete a un método, y el éxito estará garantizado.

Dedica tiempo cada día o semana a planificar tus actividades, estableciendo prioridades y asignando tiempos específicos para cada tarea. Convierte en hábitos los comportamientos que te acercan a tus metas. La repetición y la constancia son claves para el éxito. Se flexible y adaptable ante imprevistos. No te desanimes si surge algún obstáculo, simplemente reajusta tu plan y sigue adelante. Celebra tus logros, grandes y pequeños. Reconocer tu progreso te motivará a seguir adelante.

Dominar el tiempo no es una tarea fácil, pero es una habilidad indispensable para alcanzar una vida plena y significativa. Adopta un método, se disciplinado y observa cómo tus sueños comienzan a materializarse. Recuerda, el tiempo es un tesoro invaluable, utilícelo con sabiduría.

Métodos probados para priorizar tareas y establecer metas claras:

Definir metas claras y alcanzables es esencial para el éxito. El método SMART es una herramienta efectiva para establecer objetivos específicos, medibles, alcanzables, relevantes y con un tiempo definido. Estas metas deben cumplir con los siguientes criterios:

- **Específicas**: Claras y bien definidas.
- **Medibles**: Cuantificables para evaluar el progreso.
- **Alcanzables**: Realistas y alcanzables con los recursos disponibles.
- **Relevantes**: Importantes y alineadas con tus objetivos generales.
- **Con un tiempo definido**: Con un plazo concreto para su logro.

Por ejemplo, en lugar de decir "quiero ser más saludable", una meta SMART sería "quiero perder 5 kilos en tres meses haciendo ejercicio tres veces por semana y siguiendo una dieta balanceada".

El método de priorización ABCDE ayuda a organizar tareas según su importancia:

- **A**: Tareas que deben hacerse, son muy importantes.
- **B**: Tareas que deberían hacerse, son importantes, pero no críticas.
- **C**: Tareas que podrían hacerse, tienen menor impacto.

- **D**: Tareas que pueden delegarse a otros.
- **E**: Tareas que pueden eliminarse.

Un ejemplo sería clasificar tus tareas diarias y centrarse primero en las tareas A, luego en las B, y así sucesivamente.
La procrastinación a menudo surge por el miedo al fracaso, la falta de motivación o la abrumación. Para superarla:

- **Fragmenta las tareas**: Divide las tareas grandes en pasos más manejables.
- **Auto recompensarse**: Establece pequeñas recompensas por completar tareas.

Identifica y elimina distracciones para mejorar tu productividad:

- **Apaga notificaciones**: Desactiva alertas de correo electrónico y redes sociales.
- **Crea un espacio de trabajo dedicado**: Un entorno ordenado y libre de distracciones mejora la productividad.

Utiliza la matriz de Eisenhower para priorizar tus tareas:

- **Urgente/Importante**: Tareas que deben hacerse inmediatamente.
- **No Urgente/Importante**: Tareas importantes, pero no urgentes.
- **Urgente/No Importante**: Tareas que pueden delegarse.
- **No Urgente/No Importante**: Tareas que pueden eliminarse.

Por ejemplo, organiza tu lista de tareas semanal según esta matriz y enfócate primero en las tareas urgentes e importantes.

Asigna bloques de tiempo específicos para diferentes actividades. Por ejemplo, dedica las primeras dos horas de la mañana a tareas importantes, luego una hora a reuniones y después otra hora a responder correos electrónicos.

Integrando estos métodos y estrategias en tu vida, podrás administrar tu tiempo de manera más efectiva, lo que te permitirá llevar una vida con propósito y alcanzar tus metas personales y profesionales con mayor facilidad. El tiempo, cuando se gestiona sabiamente, se convierte en un aliado poderoso en tu camino hacia el éxito y el bienestar.

Reflexión Final.

El tiempo transcurre y tú transcurres con él. Tienes un intervalo en el cual puedes hacer y crear. Qué gratificante es llegar al próximo intervalo habiendo logrado algo nuevo y mejor que lo que tenías antes. Aprovecha cada momento para realizar algo valioso y significativo, mejorando en cada etapa de tu vida y cultivando una existencia llena de propósito y crecimiento.

La Escritura nos brinda sabiduría sobre la importancia de aprovechar el tiempo y vivir con propósito. A continuación, se presentan varios pasajes bíblicos que ilustran cómo podemos utilizar el tiempo de manera efectiva y según la voluntad de Dios.

En Efesios 5:15-16, se nos instruye a vivir con sabiduría, aprovechando el tiempo:

"Entonces mirad con cuidado cómo andéis, no como necios, sino como sabios. Aprovechad bien el tiempo, porque los días son malos." Efesios 5:15-16, (RV2000).

Este versículo nos llama a ser diligentes y sabios en la forma en que usamos nuestro tiempo, reconociendo que vivimos en un mundo lleno de desafíos. Aprovechar el tiempo de manera sabia nos ayuda a enfrentar los problemas de manera efectiva y a vivir de acuerdo con los principios de Dios.

En Colosenses 4:5, se nos aconseja a comportarnos sabiamente hacia los que están afuera, aprovechando bien el tiempo:

"Portaos sabiamente con los extraños, aprovechando bien el tiempo." Colosenses 4:5, (RV2000)

Este pasaje nos recuerda la importancia de utilizar nuestro tiempo de manera que refleje la sabiduría y el carácter de Cristo, impactando positivamente a quienes nos rodean y testificando de nuestra fe.

En Proverbios 16:3, se nos anima a encomendar nuestras obras al Señor:

"Encomienda al Señor tus obras, Y tus planes tendrán éxito." Proverbios 16:3, (RV2000)

Este versículo sugiere que al dedicar nuestros esfuerzos a Dios y buscar Su guía, nuestros planes y actividades estarán alineados con Su voluntad, lo que nos ayudará a utilizar nuestro tiempo de manera efectiva y productiva.

En Salmos 90:12, se nos pide que pidamos a Dios que nos enseñe a contar nuestros días para adquirir un corazón sabio:

"Enséñanos a contar nuestros días, de tal modo Que traigamos al corazón sabiduría." Salmos 90:12, (RV2000)

Este pasaje nos anima a reconocer la brevedad de nuestra vida y a buscar la sabiduría divina para vivir cada día con propósito y significado.

Finalmente, en Proverbios 27:1, se nos advierte sobre la incertidumbre del futuro y la importancia de aprovechar el presente:

"No te jactes del día de mañana, Porque no sabes qué traerá el mañana." Proverbios 27:1, (RV2000)

Este versículo nos recuerda que el futuro es incierto y que debemos centrarnos en aprovechar al máximo el presente, haciendo uso sabio del tiempo que tenemos.

Aprovechar el tiempo implica vivir con intencionalidad y propósito, buscando la dirección de Dios en cada aspecto de nuestras vidas. Al aplicar estos principios bíblicos, podemos utilizar nuestro tiempo de manera que honre a Dios y contribuya a nuestro bienestar y crecimiento personal.

No te Coloques a Cuestas Cargas Innecesarias:

El Dr. Niebuhr escribió: "Dios, concédeme la serenidad para aceptar las cosas que no se pueden cambiar; valor para cambiar las cosas que se deben cambiar; y la sabiduría para distinguir las unas de las otras." Esta profunda reflexión subraya la importancia de discernir entre lo que está bajo nuestro control y lo que no, una habilidad crucial para vivir una vida con propósito.

En la vida, hay cosas que no podemos cambiar, algunas simples y otras más complejas. Sin embargo, también hay situaciones que sí podemos influir. Para abordarlas, necesitamos valor, decisión y entereza. Es esencial identificar claramente cuáles son las circunstancias que podemos cambiar y cuáles no, de acuerdo con nuestros propósitos y la dirección que queremos darle a nuestra vida.

Quisiera compartir una experiencia personal para ilustrar este concepto. Uno de mis hijos, el mayor, se esforzó mucho por encontrar trabajo después de terminar su carrera universitaria. Finalmente, consiguió un empleo y comenzó a ascender en la cadena de mando. Sin embargo, la pandemia de COVID-19 golpeó y la empresa tuvo que cerrar varias sucursales, incluida la suya. Buscando nuevas oportunidades, logró otro empleo, pero antes de cumplir dos años, la empresa decidió prescindir de sus servicios por políticas internas.

Esta situación fue difícil para él, generando una carga emocional y muchas interrogantes. La falta de madurez y experiencia que brinda la vida lo llevó a preguntarse por qué estas cosas le estaban sucediendo justo cuando estaba progresando. Un día, le dije: "Hijo, no tienes culpa alguna por lo ocurrido. No puedes controlar una pandemia ni las decisiones de un empresario. Estas cosas no tienen que ver contigo, tu preparación o tus habilidades. No te coloques cargas innecesarias. En la vida, hay enfermedades, eventos naturales y decisiones ajenas que forman parte de la realidad."

No debemos cargar con preocupaciones que no nos corresponden, ya que se convierten en pesos mentales innecesarios que alimentan el pesimismo y la negatividad, afectando nuestra salud mental. La serenidad para aceptar lo que no podemos cambiar, junto con el buen juicio para identificar cada situación, es esencial. Ante las adversidades, debemos ser resilientes y rechazar de inmediato lo que potencialmente puede convertirse en una carga innecesaria. Estas cargas solo mermarán nuestras fuerzas y harán más lento nuestro avance hacia los objetivos propuestos.

No podemos evitar la lluvia ni hacer que brille el sol, pero sí podemos prepararnos llevando un buen paraguas y despreocuparnos. La preparación y la diligencia nos permiten enfrentar las realidades de la vida, y cada suceso, ya sea favorable o adverso, se convierte en una experiencia de aprendizaje que nos ayuda a alcanzar nuestros objetivos y a ser una mejor versión de nosotros mismos. Lo que no puedo cambiar, acepto con serenidad; lo que puedo cambiar o mejorar, enfrento con valentía. La meta es siempre lograr los objetivos propuestos.

En nuestra búsqueda por vivir una vida con propósito, es crucial reconocer las cargas que llevamos y diferenciarlas de aquellas que son verdaderamente necesarias. A menudo, nos encontramos cargando preocupaciones, responsabilidades y expectativas que no nos pertenecen o que no nos benefician. Estas cargas innecesarias pueden ser impedimentos significativos para nuestro bienestar y desarrollo personal.

El primer paso para liberarse de estas cargas es identificarlas. Pregúntate: ¿Qué preocupaciones o responsabilidades he asumido que no son realmente mías? ¿Qué expectativas estoy tratando de cumplir que no reflejan mis propios valores y deseos? A veces, las cargas vienen de intentar complacer a otros o de adherirse a estándares sociales que no se alinean con nuestro verdadero yo.

Una vez identificadas, el siguiente paso es aprender a soltarlas. Esto puede ser un proceso desafiante, pero es esencial para vivir una vida más ligera y enfocada. Desprenderse de cargas innecesarias no significa evitar responsabilidades, sino priorizar lo que es verdaderamente importante y significativo para ti.

Las cargas innecesarias tienen un impacto negativo en nuestro bienestar físico, mental y emocional. La preocupación constante por nuestras cargas nos llena de estrés y ansiedad, afectando nuestra salud física y mental. La creencia de que no somos capaces de alcanzar nuestras metas o que no somos lo suficientemente buenos puede dañar nuestra autoestima. El miedo y la inseguridad nos impiden tomar riesgos y explorar nuevas oportunidades.

Al dejar ir lo innecesario, creas espacio para lo esencial. Reflexiona sobre tus valores fundamentales y las metas que verdaderamente te importan. Prioriza las tareas y responsabilidades que te acercan a tus objetivos y que están alineadas con tus principios. Al hacerlo, no solo mejoras tu productividad, sino también tu satisfacción y bienestar general.

Aprender a decir 'no' es una habilidad poderosa en la gestión de cargas. Decir 'no' a tareas y compromisos que no son esenciales te permite dedicar más tiempo y energía a lo que realmente importa. No temas establecer límites claros y comunicar tus necesidades. Esto no solo es un acto de autocuidado, sino también una forma de respeto hacia los demás, al ser honesto sobre tus capacidades y prioridades.

El autocuidado es fundamental para manejar tus cargas de manera efectiva. Asegúrate de reservar tiempo para ti mismo, para descansar y recargar energías. Actividades como la meditación, el ejercicio, y los hobbies personales son vitales para mantener un equilibrio saludable en tu vida. Recuerda que no puedes dar lo mejor de ti si estás constantemente agotado y sobrecargado.

En última instancia, vivir una vida con propósito requiere un enfoque consciente en lo que llevamos con nosotros. Un camino ligero y sin cargas es un camino más fácil de recorrer. Al evitar cargar con lo innecesario, podemos movernos con mayor libertad y claridad hacia nuestros objetivos. Recuerda, no se trata de hacer más, sino de hacer lo que realmente importa. Libérate de las cargas innecesarias y permite que tu camino esté guiado por lo esencial y significativo, avanzar y disfruta de la libertad de un camino sin cargas, llevándote hacia una vida plena y con propósito.

Reflexión Final.

En la vida, es común que nos encontremos con situaciones y responsabilidades que pueden convertirse en cargas pesadas. Sin embargo, no todas las cargas que llevamos son necesarias o productivas. La Biblia nos enseña a discernir y a soltar las cargas innecesarias para vivir una vida más libre y enfocada en lo esencial.

Jesús nos invita a dejar nuestras cargas a Sus pies y a aceptar Su yugo, que es ligero. En Mateo 11:28-30, encontramos una de las promesas más reconfortantes de la Biblia:

"Venid a mí todos los que estáis fatigados y cargados, y yo os haré descansar. Llevad mi yugo sobre vosotros, y aprended de mí, que soy manso y humilde de corazón, y hallaréis descanso. Porque mi yugo es fácil y ligera mi carga." Mateo 11:28-30, (RV2000)

Este pasaje nos recuerda que Jesús ofrece alivio a nuestras cargas. Al acudir a Él, encontramos descanso y paz, liberándonos de las cargas innecesarias que nos agobian.

El apóstol Pablo nos exhorta a vivir en la libertad que Cristo nos ha dado y a no volver a cargar con el yugo de esclavitud. En Gálatas 5:1, leemos:

"Manteneos, pues, firmes en la libertad con que Cristo nos liberto, y no os dejéis oprimir de nuevo bajo el yugo de esclavitud." Gálatas 5:1, (RV2000)

Este versículo nos anima a permanecer firmes en la libertad que Cristo nos ofrece, evitando cargar con las ataduras del pasado y las cargas innecesarias que nos impiden vivir plenamente.

La sabiduría y el discernimiento son cruciales para identificar y soltar las cargas innecesarias. Proverbios 3:5-6 nos aconseja confiar en el Señor y no en nuestra propia prudencia:

"Fíate del Señor de todo tu corazón, y no te apoyes en tu prudencia. Reconócelo en todos tus caminos, y él enderezará tus veredas." Proverbios 3:5-6, (RV2000)

Confiar en Dios y buscar Su guía nos ayuda a discernir qué cargas debemos llevar y cuáles debemos soltar, permitiéndonos caminar con mayor libertad y propósito.

No todas las cargas que llevamos son necesarias o útiles. Al acudir a Jesús y confiar en Su guía, podemos soltar las cargas innecesarias y vivir una vida más libre y enfocada. Jesús nos invita a llevar Su yugo, que es ligero, y a descansar en Él, encontrando paz y alivio.

La sabiduría y el discernimiento divinos nos ayudan a reconocer qué cargas son realmente nuestras y cuáles debemos soltar. Al vivir en la libertad que Cristo nos ofrece, evitamos las ataduras del pasado y caminamos con mayor ligereza y propósito, centrados en lo que realmente importa.

utiliza tus dones y talentos, concéntrate en lo fascinante de ponerlos en práctica:

Todo ser humano tiene algo valioso que ofrecer al mundo. Identificar y utilizar tus dones y talentos es esencial para vivir una vida con propósito y satisfacción. Sin embargo, descubrir cuáles son estos dones no siempre es una tarea sencilla.

Ante este planteamiento, una de las preguntas que surge inmediatamente es: ¿cuál es mi don? ¿Cuál es mi talento? ¿Para qué realmente soy bueno? Responder a estas preguntas no es fácil y, a menudo, requiere tiempo y reflexión. Más allá de una interpretación científica o un largo estudio, la respuesta puede encontrarse en las observaciones de quienes nos rodean.

Cuando hacemos algo que nos apasiona y lo hacemos bien, las personas a nuestro alrededor suelen notarlo. Comentarios como "Eres muy bueno en esto" o "Tienes un talento especial para aquello" son indicadores valiosos. Estos comentarios reflejan que nuestras habilidades son reconocidas y apreciadas en comparación con otros en la misma actividad. Si además de recibir estas observaciones, lo que haces te agrada profundamente y te sientes realizado al hacerlo, es probable que hayas encontrado uno de tus talentos.

La clave está en identificar aquello que no solo haces bien, sino que también disfrutas profundamente. Si una actividad te brinda satisfacción, te impulsa a mejorar constantemente y te motiva a compartir tus habilidades con los demás, es muy probable que se trate de un verdadero don o talento.

Identificar y utilizar tus talentos tiene una gran importancia práctica. Primero, te permite enfocarte en áreas donde naturalmente tienes ventajas, simplificando tu campo de acción y aumentando tus posibilidades de éxito. Competir en un ámbito en el que posees cualidades sobresalientes te brinda ventajas significativas. Además, como se trata de algo que disfrutas, realizarás estas actividades de manera persistente y continua, sin sentirlas como una carga.

Trabajar en lo que amas y en lo que eres bueno te lleva a una mayor satisfacción y realización personal. Este enfoque también te permite sobresalir en tu campo, ya que la pasión y la competencia son una combinación poderosa. La persistencia en mejorar y en ofrecer lo mejor de ti en tus talentos te coloca en una posición ventajosa frente a tus compañeros y te permite avanzar con confianza y determinación.

Cada ser humano tiene dones y talentos únicos que, cuando se identifican y se utilizan adecuadamente, pueden transformar no solo su propia vida, sino también la de los demás. La clave está en descubrir esos talentos a través de la observación y la auto reflexión, y luego ponerlos en práctica con pasión y persistencia. Al centrarte en lo que haces mejor y en lo que te fascina, no solo alcanzarás tus objetivos con mayor facilidad, sino que también vivirás una vida más plena y satisfactoria.

Reflexión Final.

Dios nos ha creado con dones y talentos únicos que son parte integral de nuestro propósito en la vida. Al descubrir y utilizar estos dones, no solo encontramos una mayor satisfacción personal, sino que también glorificamos a Dios y servimos a los demás. La Biblia nos anima a desarrollar y usar nuestros talentos, recordándonos que cada uno de nosotros tiene un papel especial en el plan divino.

Cada persona ha recibido habilidades y talentos únicos que deben ser utilizados para el bien común y la gloria de Dios. En 1 Pedro 4:10-11, se nos exhorta a usar nuestros dones para servir a los demás:

"Cada uno ponga al servicio de los demás el don que ha recibido, dispensando fielmente las diferentes gracias de Dios. Si alguno habla, hable conforme a las palabras de Dios; si alguna ministra, ministre conforme a la virtud que da Dios, para que en todo, él sea glorificado por Jesucristo, a quien pertenecen la gloria y el imperio por los siglos de los siglos." 1 Pedro 4:10-11, (RVR2000)

Este pasaje nos recuerda que nuestros talentos son una manifestación de la gracia de Dios y que debemos usarlos con diligencia y amor, sirviendo a los demás y honrando a Dios.

Jesús enseñó sobre la importancia de usar nuestros talentos en la parábola de los talentos (Mateo 25:14-30). En esta parábola, un hombre confía a sus siervos diferentes cantidades de talentos (una medida de dinero) antes de irse de viaje. Los siervos que invirtieron y multiplicaron los talentos fueron elogiados, mientras que el siervo que escondió su talento fue reprendido.

"Su señor le dijo: ¡Bien, siervo bueno y fiel! sobre poco has sido fiel, sobre mucho te pondré. Entra en el gozo de tu señor." Mateo 25:21, (RV2000)

Este versículo subraya la importancia de ser proactivos y diligentes con los dones que hemos recibido. Dios espera que usemos y desarrollemos nuestros talentos, multiplicándolos para Su gloria y el beneficio de los demás.

Cuando ponemos en práctica nuestros dones y talentos, experimentamos una profunda satisfacción y alegría. Dios nos ha diseñado para encontrar deleite en el trabajo bien hecho y en el servicio a los demás. En Colosenses 3:23-24, Pablo nos recuerda que debemos trabajar de todo corazón, como para el Señor:

"Y todo lo que hagáis, hacedlo de corazón, como para el Señor, y no para los hombres; seguros de que recibiréis del Señor la recompensa de la herencia; porque a Cristo el Señor servís." Colosenses 3:23-24, (RVR2000)

Este pasaje nos motiva a poner nuestros talentos en acción con entusiasmo y dedicación, sabiendo que nuestro trabajo tiene un propósito mayor y que Dios nos recompensará por nuestra fidelidad.

Utilizar nuestros dones y talentos no solo nos permite cumplir nuestro propósito divino, sino que también nos llena de alegría y satisfacción. Al concentrarnos en lo fascinante de poner en práctica nuestras habilidades, encontramos una vida plena y significativa.

Nuestros talentos son regalos de Dios, y al usarlos para Su gloria y el bien de los demás, honramos al Dador de esos dones. La verdadera plenitud viene cuando reconocemos y desarrollamos nuestras habilidades, sirviendo a Dios y a la humanidad con amor y diligencia.

El precio de los desaciertos y la importancia de la sabiduría en la toma de decisiones:

En la vida, cada decisión que tomamos conlleva consecuencias, ya sean positivas o negativas. Esta realidad nos recuerda que "Se paga el precio de los desaciertos." Cada error, cada decisión impulsiva, cada camino elegido sin la debida reflexión, nos presenta una factura que debemos saldar. Pero ¿cómo podemos minimizar estos desaciertos y tomar decisiones más acertadas? La clave está en la sabiduría y la conveniencia informada.

A lo largo de mi vida, he intentado inculcar en mis hijos la importancia de la reflexión antes de actuar. Cada mañana, al despedirnos antes de que se fueran a sus responsabilidades escolares, les decía: "No hagan nada de lo que se tengan que arrepentir después." Con el tiempo, esta advertencia se convirtió en una frase más condensada: "No hagas ni dejes de hacer aquello que te cause el dolor del arrepentimiento." Esta frase se ha convertido en un pilar fundamental en mi filosofía de vida.

Esta máxima es especialmente relevante cuando consideramos el precio de los desaciertos. Cada decisión tomada sin la debida reflexión puede llevarnos a un camino lleno de arrepentimientos y consecuencias negativas. Por ello, es crucial que cada acción sea fruto de una decisión pensada y sabia. Debemos analizar cada opción con cuidado y ejecutar nuestras decisiones con la certeza de que no nos llevarán a lamentaciones futuras.

La sabiduría en la toma de decisiones implica un proceso reflexivo y deliberado. Cada vez que enfrentamos una elección, ya sea grande o pequeña, debemos detenernos y considerar las posibles consecuencias de nuestras acciones. Este análisis no solo debe aplicarse a las decisiones que tomamos, sino también a aquellas que decidimos no tomar. Ambas pueden tener un impacto significativo en nuestras vidas.

Durante mi tiempo en el instituto militar, aprendí una valiosa lección sobre la importancia de la perseverancia y la toma de decisiones informadas. Ingresamos cientos de estudiantes, pero solo menos de cien nos graduamos. A lo largo de los años, me he encontrado con antiguos compañeros que no completaron el programa. Muchos de ellos me han expresado su arrepentimiento diciendo: "Si hubiera aguantado un poquito más, me habría graduado contigo." Estas palabras reflejan el dolor de no haber tomado la decisión correcta en el momento oportuno.

Esta misma situación se repitió en otras etapas de mi vida, ya sea en la acreditación en radiología, en el estudio del derecho y ciencias políticas, o en la obtención de diversas licenciaturas y posgrados. En cada una de estas experiencias, muchos compañeros comenzaron el camino conmigo, pero pocos llegaron al final. Las razones varían, pero siempre se puede identificar un elemento común: algo no se hizo correctamente o no se tomó la decisión adecuada en el momento preciso.

Es en estas situaciones donde el precio del desacierto se vuelve evidente. Las decisiones tomadas sin la debida reflexión y análisis pueden llevar a un profundo arrepentimiento. Muchas personas expresan este sentimiento con frases como: "Ahora estoy pagando el precio de no haber hecho esto o aquello."

Los desaciertos, grandes o pequeños, tienen un costo asociado. Pueden manifestarse en la pérdida de tiempo, recursos, relaciones o incluso oportunidades. Estos errores no solo afectan nuestra situación inmediata, sino que también pueden tener repercusiones a largo plazo, alterando el curso de nuestra vida de maneras que quizás no podamos anticipar.

Hay que reconocer que cada decisión tiene un costo potencial que nos obliga a ser más conscientes y deliberados en nuestro proceso de toma de decisiones. Nos insta a evaluar las posibles consecuencias de nuestras acciones y a considerar si estamos dispuestos a pagar el precio por un posible desacierto.

La clave para evitar el dolor del arrepentimiento y el precio de los desaciertos es simple pero poderosa: hacer lo correcto en el momento adecuado. Esta es una decisión sabía que requiere reflexión, análisis y, a menudo, coraje. No se trata solo de evitar errores, sino de tomar acciones deliberadas y conscientes que nos acerquen a nuestros objetivos.

Tomar decisiones sabias requiere una combinación de experiencia, conocimiento y reflexión. No se trata solo de elegir la opción que parece más conveniente en el momento, sino de evaluar cada situación con una perspectiva amplia y a largo plazo.

La experiencia, tanto propia como ajena, es una fuente invaluable de sabiduría. Aprender de nuestros propios errores y observar las decisiones de otros nos proporciona lecciones importantes que pueden guiar nuestras futuras elecciones. Es importante evaluar si lo que parece conveniente realmente lo es. ¿Es una solución temporal que podría crear problemas futuros? ¿O es una decisión que, aunque pueda ser más difícil ahora, traerá beneficios duraderos?

Tomarse el tiempo para reflexionar y analizar las opciones disponibles es crucial. No debemos apresurarnos a decidir sin considerar todos los ángulos. La reflexión nos permite sopesar los pros y los contras y prever las posibles consecuencias. Las decisiones tomadas desde una base ética tienden a ser más sostenibles y menos propensas a generar consecuencias negativas a largo plazo.

Buscar consejo de personas de confianza que tengan más experiencia o conocimientos en un área específica puede proporcionar una perspectiva valiosa. A menudo, otros pueden ver aspectos de una situación que nosotros hemos pasado por alto.

A veces, la sabiduría radica en encontrar un balance. No siempre es necesario elegir entre dos extremos; a menudo, la mejor decisión es una que incorpora elementos de ambas opciones de manera equilibrada.

Cada decisión que tomamos tiene el potencial de influir en nuestro camino. Al ser conscientes de los desaciertos y priorizar la sabiduría en nuestras decisiones, podemos navegar la vida con mayor claridad y propósito. Sentir que no hemos dado lo mejor de nosotros mismos o que hemos tomado decisiones equivocadas puede ser una carga pesada de llevar. La sabiduría en la toma de decisiones no solo nos ayuda a evitar el dolor del arrepentimiento, sino que también nos guía hacia una vida plena y satisfactoria.

Reflexión Final.

La toma de decisiones es una parte esencial de nuestra vida diaria, y cada elección que hacemos tiene consecuencias. Los desaciertos pueden llevarnos a situaciones difíciles y dolorosas, pero la sabiduría, que proviene de Dios, nos guía hacia decisiones correctas y fructíferas. Comprender el valor de la sabiduría y su aplicación en nuestras vidas es fundamental para evitar errores y vivir de acuerdo con la voluntad de Dios.

La Biblia nos muestra numerosos ejemplos de personas que sufrieron las consecuencias de sus malas decisiones. Uno de los más claros es el caso del rey Salomón, quien, a pesar de su gran sabiduría, tomó decisiones que lo alejaron de Dios. En 1 Reyes 11:1-11, vemos cómo sus desaciertos llevaron a la división del reino de Israel:

"Además de la hija del Faraón, el rey Salomón amo a muchas mujeres extranjeras; moabitas, amonitas, edomitas, sidonias e hititas. Gente de las cuales el Señor había dicho a los irrealitas: No os unías con ellas, ni ellas con vosotros, porque inclinaran vuestro corazón hacia sus dioses. A éstas se unió Salomón con amor. Tuvo 700 esposas reinas y 300 concubinas. Y sus esposas desviaron su corazón. En la vejes de Salomón, sus esposas desviaron su corazón a otros dioses; y su corazón ya no fue del todo del Señor su Dios, como el corazón de su padre David." 1 Reyes 11:1-4, (RV2000)

Este pasaje nos enseña que incluso los más sabios pueden cometer errores si no permanecen fieles a los principios divinos. Los desaciertos de Salomón tuvieron un alto precio, afectando no solo su vida, sino también la de todo el reino.

La sabiduría es un don precioso que nos ayuda a tomar decisiones correctas y a evitar los errores que pueden tener consecuencias negativas.

Proverbios 3:13-18 destaca el valor de la sabiduría y su impacto positivo en nuestras vidas:

"Dichoso el hombre que halla la sabiduría, y que obtiene la inteligencia; porque es más provechosa que la plata, rinde más ganancia que el oro fino. Es más preciosa que las piedras preciosas; y todo lo que puedas desear, no se puede comparar a ella. Largura de días está en su mano derecha; en su izquierda, riquezas y honra. Sus caminos son deleitosos, y todas sus veredas paz. Es árbol de vida al que la alcanza. ¡Dichosos los que de la retienen!" Proverbios 3:13-18, (RV2000)

Este versículo nos recuerda que la sabiduría es más valiosa que cualquier riqueza material. Al buscar y aplicar la sabiduría en nuestras decisiones, encontramos paz, prosperidad y una vida plena.

La sabiduría verdadera proviene de Dios, y Él está dispuesto a concedérsela a quienes la buscan sinceramente.

Santiago 1:5 nos anima a pedir sabiduría a Dios cuando la necesitemos:

"Si alguno necesita sabiduría, pídala a Dios, quien da a todos abundantemente y sin reprochar, y le será dada." Santiago 1:5, (RV2000)

Este pasaje nos asegura que Dios es generoso y está dispuesto a darnos la sabiduría que necesitamos para tomar decisiones acertadas. Al buscar Su guía, podemos evitar muchos errores y vivir de acuerdo con Su voluntad.

El precio de los desaciertos puede ser alto, pero la sabiduría nos ofrece una protección invaluable. Al reconocer la importancia de la sabiduría en la toma de decisiones y buscarla diligentemente, podemos minimizar los errores y vivir de manera que honre a Dios.

La sabiduría no solo nos ayuda a evitar los problemas, sino que también nos guía hacia una vida plena y bendecida. Al aplicar los principios divinos en nuestras decisiones diarias, encontramos el camino hacia la paz, la prosperidad y una relación más profunda con Dios.

De manera sana compite contigo.

En la búsqueda de una vida con propósito, la competencia se convierte en un factor inevitable. Nos enfrentamos a desafíos, obstáculos y metas que exigen lo mejor de nosotros mismos. Sin embargo, es importante recordar que la competencia más importante no es contra los demás, sino contra nuestra propia versión limitada.

Mi experiencia en el Colegio Militar General Tomás Herrera me brindó un ejemplo palpable de la importancia de la competencia interna. Rodeado de jóvenes talentosos y disciplinados, me di cuenta de que la verdadera batalla no era contra ellos, sino contra mis propias limitaciones.

Aprendí a enfocarme en mi propio crecimiento, estableciendo metas ambiciosas y trabajando arduamente para alcanzarlas. Celebraba mis logros, analizaba mis errores y buscaba constantemente mejorar mis habilidades.

Después de mi viaje por el Instituto Militar, he mantenido una rutina de ejercicios y me he involucrado en diversas actividades deportivas como el baloncesto, el ciclismo y el atletismo. Es costumbre para mí mantenerme activo, y siempre sigo una rutina diaria de ejercicios que incluye correr cinco o seis kilómetros. Los días en que no tengo compromisos a una hora fija en la mañana, corro un poco más, llegando a hacer entre ocho y diez kilómetros.

Los organizadores de actividades deportivas en mi comunidad conocen mi rutina, por lo que a menudo me invitan a participar en eventos de competición. En una de estas ocasiones, hicieron una convocatoria para una carrera, pero por alguna razón, nadie asistió salvo yo. A pesar de esto, el organizador decidió que debía continuar con el evento y me pidió que diera una vuelta simbólica para que la actividad se considerara realizada. Al final, me premiaron con el primer lugar.

Uno de los presentes comentó: "Pero él no corrió ni compitió con nadie." A esto, le respondí: "Tal vez no corrí con nadie físicamente, pero le gané a todos los que fueron convocados y no llegaron, a todos los que intentaron venir y no lo lograron, y, lo más importante, me gané a mí mismo al salir de casa cuando una parte de mí me decía que no fuera porque probablemente no habría nadie."

De esa experiencia y tantas otras vividas, desarrollé la filosofía de competir conmigo mismo de una manera sana. Esta competencia interna no me perjudica ni me crea ansiedades, sino que me impulsa a mejorar constantemente, filosofía fundamental en mi vida. Que me ha permitido superar obstáculos, alcanzar metas ambiciosas y convertirme en la mejor versión de mí mismo

La competencia interna, también conocida como auto competencia, no se trata de buscar la superioridad sobre otros, sino de superar nuestras propias limitaciones y alcanzar nuestro máximo potencial. Es una lucha interna por la excelencia, un compromiso con el crecimiento personal y la mejora continua.

Metafóricamente, esta competencia es una versión controvertida de mí mismo. Por ejemplo, cuando me despierto temprano, a veces siento la tentación de quedarme en la cama, especialmente en días libres. Sin embargo, uso mi lado positivo para decirme: "No, tú no me vas a ganar. Me levanto porque así lo he decidido." Con esta práctica, he superado muchas barreras, desde las más simples hasta las más complejas.

Otro ejemplo es estar en el sofá en una posición cómoda y sentir la necesidad de hacer algo en otra habitación. Una parte de mí puede decir: "Deja eso, espera a que alguien más lo haga." Pero yo me levanto y lo hago, ganando esa pequeña batalla interna.

Compitiendo conmigo mismo de manera sana, me pongo metas y trabajo para superarlas. Si corro una distancia en cierto tiempo, me esfuerzo para mejorar y bajar ese tiempo. Si pierdo peso, me desafío a perder un poco más. Esta mentalidad me ayuda a escalar nuevos niveles y mejorar en todos los aspectos de mi vida: espiritual, intelectual y físico.

La competencia interna nos impulsa a mejorar por nosotros mismos, sin depender de recompensas externas o la aprobación de los demás. Al enfocarnos en nuestro propio progreso, los fracasos se convierten en oportunidades de aprendizaje y no en razones para rendirse. La competencia interna nos mantiene en un estado constante de búsqueda de superación, impulsándonos a explorar nuevas habilidades y expandir nuestros horizontes. Enfocarnos en nuestro propio crecimiento nos libera de la comparación con los demás, reduciendo la ansiedad y la envidia.

Para desarrollar la competencia interna. Establece metas desafiantes pero alcanzables. Define objetivos que te motiven a salir de tu zona de confort, pero que sean realistas y alcanzables con esfuerzo y dedicación. Reconoce y celebra tus avances, sin importar cuán pequeños sean. Esto te dará la confianza y la motivación para seguir adelante. Los errores son parte del proceso de aprendizaje. Analízalos con objetividad y utilízalos como oportunidades para mejorar. Busca el apoyo de personas que te inspiren y te motiven a alcanzar tus metas. Cada persona es única y tiene su propio camino de crecimiento. Enfócate en tu propio progreso y no en el de los demás.

Es importante no compararnos con los demás, sino usar nuestros propios logros como termómetro. Claro, podemos inspirarnos en otros, usando la frase común: "Si él lo logró, yo también puedo." Pero debemos comprometernos a hacer lo necesario para alcanzar y superar esos logros, sin dejarnos vencer por nuestras dudas internas.

La Biblia nos dice: ***"Sed, pues, perfectos, como vuestro Padre celestial es perfecto"***

(Mateo 5:48 RV 2000). Los propósitos y los motivos determinan la perfección. Ser perfectos es alcanzar la madurez, lograr nuestros objetivos, hacer lo que decimos que vamos a hacer, incluso sin saber los resultados.

El esfuerzo y la competencia con uno mismo nunca terminan porque siempre podemos mejorar. La medalla de oro es una búsqueda constante. Cada vez que alcanzamos un objetivo, nos ponemos uno nuevo. La medalla está ahí, no como un premio que se obtiene una vez, sino como una meta constante que nos mantiene en movimiento.

Compite contigo mismo de manera sana. Establece retos, supéralos, y luego establece nuevos. La satisfacción del deber cumplido, de haber hecho lo que tenías que hacer, es la verdadera medalla de oro. No permitas que las circunstancias externas, las opiniones ajenas, o tus propias dudas te detengan. La verdadera competencia es contigo mismo, y al ganar esa competencia, ganarás en todos los aspectos de tu vida.

Reflexión Final.

Competir de manera sana con uno mismo significa esforzarse por ser mejor cada día, superando nuestros propios límites y buscando el crecimiento personal en todas las áreas de la vida. Esta forma de competencia no se centra en compararse con los demás, sino en desarrollar nuestras habilidades y virtudes, alineándonos con los principios y valores que Dios nos ha enseñado.

La Biblia nos exhorta a trabajar diligentemente y a esforzarnos por ser la mejor versión de nosotros mismos.

En Colosenses 3:23-24, Pablo nos instruye a trabajar con dedicación, como si estuviéramos trabajando para el Señor:

"Y todo lo que hagáis, hacedlo de corazón, como para el Señor y no para los hombres; seguros de que recibiréis del Señor la recompensa de la herencia; porque a Cristo el Señor servís." Colosenses 3:23-24, (RV2000)

Este versículo nos recuerda que nuestra motivación debe ser agradar a Dios en todo lo que hacemos. Al competir con nosotros mismos, nos esforzamos por mejorar y crecer, no para obtener la aprobación de los demás, sino para honrar a Dios con nuestras acciones y talentos.

Dios nos ha dado a cada uno diferentes dones y talentos, y espera que los usemos para Su gloria.

En la parábola de los talentos (Mateo 25:14-30), Jesús nos enseña la importancia de utilizar y desarrollar lo que se nos ha dado:

"Su señor le dijo: ¡Bien, siervo bueno y fiel! Sobre poco has sido fiel, sobre mucho te pondré. Entra en el gozo de tu señor." Mateo 25:21, (RVR2000)

Este pasaje nos motiva a trabajar diligentemente con lo que Dios nos ha confiado, buscando siempre mejorar y multiplicar nuestros talentos. Al competir sanamente con nosotros mismos, nos enfocamos en maximizar nuestras capacidades y ser fieles en nuestro llamado.

Pablo compara la vida cristiana con una carrera, en la cual debemos esforzarnos por alcanzar la meta.

En Filipenses 3:13-14, él expresa su deseo de continuar avanzando hacia el propósito que Dios tiene para él:

"Hermanos, no considero haberlo ya alcanzado; pero una cosa hago, olvido lo que queda atrás, me extiendo a lo que está delante, y prosigo a la meta, al premio al que Dios me ha llamado desde el cielo en Cristo Jesús." Filipenses 3:13-14, (RV2000)

Este versículo nos inspira a dejar atrás nuestras fallas y a seguir adelante con determinación, esforzándonos por alcanzar el propósito que Dios ha establecido para nuestras vidas. Competir con nosotros mismos implica mejorar continuamente, enfocándonos en el crecimiento espiritual y personal.

Competir de manera sana con uno mismo es una forma de honrar a Dios y de vivir una vida plena y significativa. Al esforzarnos por ser mejores cada día, no buscamos compararnos con los demás, sino crecer en nuestra relación con Dios y desarrollar los dones que Él nos ha dado.

La verdadera competencia sana es la que nos impulsa a crecer en virtudes, a ser más como Cristo y a cumplir con el propósito que Dios tiene para nuestras vidas. Al enfocarnos en esta forma de competencia, encontramos una motivación pura y duradera que nos guía hacia una vida de excelencia y servicio a los demás.

Ser mejor para ser feliz.

En el viaje de la vida, muchos de nosotros buscamos la felicidad como un objetivo primordial. Sin embargo, alcanzar esta felicidad verdadera y duradera no es simplemente una cuestión de circunstancias externas o de la acumulación de bienes materiales. La felicidad genuina, profunda y sostenible, a menudo se encuentra en nuestro interior, en nuestro crecimiento y desarrollo personal. Es aquí donde entra en juego el concepto de "ser mejor para ser feliz". Como clave para alcanzar una vida plena y significativa.

La felicidad no es un destino final, sino un viaje continuo de crecimiento y transformación. Es un estado interno que se cultiva a través de nuestras acciones, pensamientos y actitudes. Si bien las circunstancias externas pueden influir en nuestro estado de ánimo, la verdadera felicidad reside en nuestra capacidad para encontrar satisfacción y plenitud dentro de nosotros mismos.

La diversidad de culturas y costumbres hace que las interpretaciones y definiciones de ser mejor y ser feliz varíen enormemente. Sin embargo, en mi visión, ser mejor para ser feliz se centra en el objetivo de mejorar continuamente para alcanzar una felicidad más profunda y duradera.

La noción de ser mejor es amplia y subjetiva, y debe alinearse con nuestros objetivos personales. La felicidad, por su parte, es multifacética y varía según las personas. Ser mejor puede implicar mejorar nuestra salud, relaciones, ética, profesionalismo, espiritualidad y resiliencia, entre otras áreas. La felicidad puede tener connotaciones filosóficas, materiales y psicológicas.

Ser mejor no es solo una aspiración, sino un compromiso con el crecimiento personal y la excelencia en todas las facetas de la vida. Implica establecer y alcanzar nuevos retos, mejorar continuamente nuestras habilidades y actitudes, y usar todas las herramientas a nuestra disposición para lograr nuestros objetivos. La mejora constante nos lleva a experimentar una felicidad genuina y profunda, derivada del esfuerzo y el logro personal.

El ser humano es, por naturaleza, un ser en constante evolución. Cada día nos ofrece la oportunidad de aprender, crecer y mejorar. Este crecimiento personal no es solo una aspiración noble, sino una necesidad intrínseca que, cuando se persigue con intención y propósito, nos lleva más cerca de la felicidad.

El aprendizaje continuo y la adquisición de nuevas habilidades nos proporcionan un sentido de logro y satisfacción. Al expandir nuestros conocimientos y competencias, no solo nos volvemos más capaces y eficaces en nuestras vidas diarias, sino que también nos sentimos más seguros y realizados. Este proceso de mejora nos permite enfrentar los desafíos con mayor confianza y resiliencia

Por ejemplo, durante mi tiempo en el Instituto Militar, el rigor y la disciplina me ayudaron a mejorar mis habilidades y mentalidad. Este proceso de mejora me permitió alcanzar mis objetivos y experimentar una profunda felicidad al ver mis logros reconocidos. Del mismo modo, el esfuerzo por ser un mejor padre y ver a mis hijos testimoniar sobre la buena crianza que recibieron es una fuente de inmensa felicidad.

En mi experiencia personal, el crecimiento personal ha sido un factor fundamental en la búsqueda de la felicidad. He aprendido que la verdadera satisfacción no proviene de las posesiones materiales o del reconocimiento externo, sino de la satisfacción de saber que estoy siendo la mejor versión de mí mismo.

He trabajado en mejorar mi autoestima, fortalecer mis relaciones, desarrollar nuevas habilidades y afrontar los retos con mayor resiliencia. Como resultado, he experimentado una mayor felicidad, plenitud y significado en mi vida.

Establecer metas, superar obstáculos y esforzarnos por ser mejores en todas las áreas de la vida nos trae una satisfacción duradera. Este esfuerzo nos aleja de la mediocridad y nos permite experimentar la alegría de haber hecho lo correcto y necesario para lograr nuestros objetivos.

Ser mejor significa no conformarse con lo fácil o lo mediocre, sino buscar siempre mejorar nuestras acciones y decisiones. La felicidad viene de saber que hemos dado lo mejor de nosotros mismos, sin perjudicar a otros, y de experimentar el gozo de haber logrado nuestras metas.

Al ser mejor, y trabajar en nuestras debilidades y desarrollar nuestras fortalezas, fortalecemos nuestra autoestima y nos sentimos más seguros de nosotros mismos. Ser mejores personas nos permite construir relaciones más profundas y significativas con los demás, basadas en el respeto, la comprensión y la comunicación efectiva. El crecimiento personal nos dota de herramientas y habilidades para afrontar los desafíos de la vida con mayor resiliencia y optimismo.

Cuidar de nuestra salud física y mental es fundamental para ser mejor y, en consecuencia, ser más felices. Adoptar hábitos saludables, como una alimentación equilibrada, ejercicio regular, no solo mejora nuestra calidad de vida, sino que también nos proporciona la energía y el equilibrio emocional necesarios para disfrutar plenamente de cada día.

Nuestras relaciones con los demás juegan un papel crucial en nuestra felicidad. Trabajar para ser mejor en nuestras interacciones, desarrollando habilidades de comunicación, empatía y resolución de conflictos, nos ayuda a construir relaciones más fuertes y significativas. Estas conexiones profundas y auténticas son una fuente de alegría y apoyo en los momentos buenos y malos.

La integridad y el propósito son pilares fundamentales del ser mejor. Vivir de acuerdo con nuestros valores y principios nos da un sentido de coherencia y autenticidad. Además, encontrar y perseguir un propósito en la vida nos proporciona una dirección clara y un sentido de significado, que son esenciales para una felicidad duradera.

Ser mejor no significa vivir una vida libre de desafíos. Al contrario, es a través de la superación de dificultades que encontramos algunas de nuestras mayores oportunidades para el crecimiento y la felicidad. La resiliencia, o la capacidad de recuperarse de los contratiempos, es una habilidad que se desarrolla con el tiempo y la experiencia. Al enfrentar y superar los obstáculos, nos volvemos más fuertes, más sabios y, en última instancia, más felices.

Para muchos, la búsqueda de ser mejor está estrechamente ligada a la dimensión espiritual de la vida. Esto no necesariamente implica seguir una religión específica, sino más bien encontrar una conexión más profunda con uno mismo y con el universo. Las prácticas espirituales, como la meditación, la oración o la reflexión, nos ayudan a centrar nuestra mente y a descubrir una fuente de paz y felicidad interior.

Para ser mejor define objetivos claros y alcanzables que te ayuden a desarrollar las cualidades que deseas cultivar. Reflexiona sobre tus fortalezas, debilidades, pensamientos y emociones para identificar áreas de mejora. Atrévete a probar cosas nuevas, aprender habilidades desconocidas y enfrentar desafíos que te ayuden. Busca el apoyo de personas que te inspiren, te motiven y te animen a ser la mejor versión de ti mismo. Los errores son oportunidades para aprender y crecer. No te desanimes por los tropiezos, sino utilízalos como peldaños en tu camino hacia la mejora.

"Ser mejor para ser feliz" es una invitación a comprometernos con nuestro propio crecimiento y mejora continua. Es un camino que cada uno de nosotros puede elegir seguir. Al hacerlo, no solo alcanzamos una mayor satisfacción personal, sino que también experimentamos una felicidad más profunda y significativa. No se trata de alcanzar la perfección, sino de comprometernos con nuestro propio crecimiento y desarrollo. Establecer nuevos retos, esforzarnos por mejorar nuestras habilidades, cuidar de nuestra salud, fortalecer nuestras relaciones, vivir con integridad, con propósito, superar los desafíos con resiliencia, nos acerca cada vez más a la verdadera felicidad. Celebrar nuestros logros nos permite vivir una vida plena y feliz. En cada paso del camino, recordemos que la felicidad está en el esfuerzo y en la mejora constante.

Reflexión Final.

La búsqueda de la felicidad es un deseo innato en todos los seres humanos, pero la verdadera felicidad no se encuentra en los placeres temporales o en las adquisiciones materiales. En cambio, la felicidad duradera proviene de ser mejores personas, cultivando virtudes y viviendo de acuerdo con los principios de amor, justicia y compasión que Dios nos enseña.

La Biblia nos guía en el camino hacia la verdadera felicidad.

En Mateo 5:3-10, Jesús presenta las Bienaventuranzas, enseñanzas que destacan cómo las virtudes y la conducta recta llevan a una vida bendecida y plena:

"Bienaventurados los pobres en espíritu, porque de ellos es el reino de los cielos. Bienaventurados los que lloran, porque ellos serán consolados. Bienaventurados los mansos, porque ellos heredarán la tierra. Bienaventurados los que tienen hambre y sed de justicia, porque ellos serán saciados. Bienaventurados los misericordiosos, porque ellos alcanzarán misericordia. Bienaventurados los de limpio corazón, porque ellos verán a Dios. Bienaventurados los pacificadores, porque ellos serán llamados hijos de Dios. Bienaventurados los que padecen persecución por causa de la justicia, porque de ellos es el reino de los cielos." Mateo 5:3-10, (RV2000)

Estas enseñanzas nos muestran que la verdadera felicidad no se basa en las circunstancias externas, sino en el carácter y la actitud interna. Ser misericordioso, pacificador, justo y puro de corazón son cualidades que no solo agradan a Dios, sino que también nos llevan a una vida plena y feliz.

Ser mejores personas implica una transformación interior, un cambio en nuestro corazón y mente.

En romanos 12:2, el apóstol Pablo nos exhorta a no conformarnos a los patrones de este mundo, sino a ser transformados mediante la renovación de nuestra mente:

"Y no os conforméis a este mundo, sino transformaos mediante la renovación de vuestro entendimiento, para que podáis comprobar cuál es la voluntad de Dios, que es buena, agradable y perfecta." Romanos 12:2, (RV2000)

Este versículo nos recuerda que la mejora personal y la búsqueda de la felicidad van de la mano con el alineamiento de nuestras vidas con la voluntad de Dios. Al permitir que Su Palabra transforme nuestro entendimiento, podemos vivir de manera que agrada a Dios y nos lleva a una felicidad genuina.

Otra clave para ser mejor y encontrar la felicidad está en el servicio a los demás. Jesús mismo nos enseñó que hay más bendición en dar que en recibir:

"En todo os he enseñado que, trabajando así, se debe ayudar a los necesitados, y recordar las palabras del Señor Jesús: Es más dichoso dar que recibir." Hechos 20:35, (RV2000)

El acto de servir y ayudar a los demás nos llena de una alegría profunda y duradera. Al poner en práctica el amor y la compasión, reflejamos el carácter de Cristo y encontramos una felicidad que trasciende lo material.

Ser mejor para ser feliz es un principio bíblico que nos llama a cultivar virtudes y a vivir de acuerdo con los principios divinos. Al enfocarnos en la transformación interior, el servicio a los demás y la alineación de nuestras vidas con la voluntad de Dios, encontramos una felicidad verdadera y duradera.

La felicidad que Dios nos ofrece no depende de las circunstancias externas, sino de nuestra relación con Él y de cómo vivimos nuestras vidas. Al buscar ser mejores personas, no solo agradamos a Dios, sino que también encontramos una paz y una alegría que el mundo no puede ofrecer.

Valor que no radica en lo que posees. La posesión no te define.

En la complejidad de la vida moderna, muchas veces nos encontramos evaluando nuestro valor y el de los demás en función de las posesiones materiales. En una sociedad obsesionada con la acumulación de bienes materiales, es fácil caer en la trampa de medir el valor personal por lo que poseemos. Esta concepción errónea ha evolucionado con el tiempo, influenciada por normas sociales y estigmas profundamente arraigados. Sin embargo, la verdadera esencia de nuestro valor no está en lo que poseemos, sino en quiénes somos y cómo nos comportamos, y la forma en que influimos en el mundo que nos rodea.

Históricamente, la sociedad ha tendido a valorar a las personas basándose en sus posesiones materiales, un fenómeno que ha llevado a la discriminación en múltiples formas. No es raro que se otorgue más valor a quienes tienen bienes materiales significativos, creyendo erróneamente que poseen mayor importancia. Este juicio superficial ha llevado a la marginación de aquellos que no cumplen con estos estándares materiales, sin considerar sus virtudes intrínsecas y sus contribuciones a la sociedad.

Desde temprana edad, se nos enseña a valorar las posesiones como indicadores de éxito. Un auto lujoso, una casa grande, un título de una universidad prestigiosa o las últimas tecnologías se convierten en símbolos de estatus. Pero ¿qué ocurre cuando perdemos estos objetos? La posesión es efímera; lo que hoy tenemos puede desaparecer mañana. Basar nuestra autoestima en algo tan inestable es construir sobre arena movediza.

El estigma de medir el valor personal por las posesiones ha creado una brecha entre los individuos, fomentando una mentalidad de superioridad e inferioridad, Sin embargo, esta percepción es una ilusión que ignora la verdadera naturaleza de nuestro valor como seres humanos.

Nuestro verdadero valor proviene de nuestras cualidades internas y acciones, en aspectos intangibles que no pueden ser comprados ni vendidos. No importa cuántas posesiones materiales tengamos. La honestidad, la integridad, la empatía y la capacidad de amar son cualidades que definen a una persona. Estas características forman la base de relaciones significativas y una vida plena. Una persona íntegra es valiosa, no por lo que tiene, sino por lo que es.

Es fundamental superar la discriminación basada en las posesiones materiales. Una persona no es más valiosa por vivir en un barrio lujoso o por tener una cuenta bancaria abultada. La verdadera riqueza se encuentra en la calidad de nuestras relaciones, en nuestra capacidad para inspirar y ayudar a otros, y en nuestra disposición para vivir de acuerdo con principios éticos y morales sólidos.

El materialismo no solo distorsiona nuestra percepción del valor personal, sino que también puede llevar a una vida vacía y superficial. La constante búsqueda de más bienes materiales puede dejarnos insatisfechos, siempre deseando lo que aún no tenemos. En contraste, aquellos que se centran en el desarrollo personal y en el cultivo de valores internos suelen encontrar una mayor satisfacción y propósito en la vida.

Es crucial redefinir lo que entendemos por éxito. En lugar de medir el éxito por la cantidad de bienes materiales acumulados, deberíamos evaluarlo por la calidad de nuestras relaciones, nuestra contribución a la sociedad y nuestro crecimiento personal. El verdadero éxito es vivir una vida en consonancia con nuestros valores más profundos y ser una fuerza positiva en el mundo.

Para vivir una vida con propósito, debemos comenzar por valorarnos a nosotros mismos. Hay que reconocer que nuestro valor no depende de lo que tenemos, sino de lo que somos y de lo que hacemos. Esta mentalidad nos permitirá vivir en paz, sin frustraciones y con una auténtica apreciación por la vida y por los dones que poseemos, tanto materiales como espirituales.

Para cultivar un sentido de valor que no dependa de las posesiones, es esencial enfocarse en el desarrollo personal y en las relaciones significativas. Esto implica: Reflexionar sobre nuestras habilidades, pasiones y valores fundamentales. Participar en actividades que benefician a los demás, lo que enriquece nuestra vida y la de quienes nos rodean. Fomentar conexiones auténticas con los demás, basadas en el respeto y la empatía.

La sabiduría atemporal nos enseña que el verdadero valor se encuentra en el ser, no en el tener. Filósofos y pensadores a lo largo de la historia han argumentado que la felicidad y el propósito se derivan de vivir de acuerdo con nuestros principios y contribuir al bienestar de los demás. Esta perspectiva nos libera de la presión de la acumulación material y nos invita a encontrar satisfacción en lo que realmente importa.

A lo largo de la historia, hay innumerables ejemplos de personas que, sin poseer grandes riquezas, han dejado una huella indeleble en la humanidad. Mahatma Gandhi, la Madre Teresa y Nelson Mandela son solo algunos de los muchos que, a través de su carácter y sus acciones, demostraron que el verdadero valor no radica en lo que poseemos, sino en quiénes somos y cómo vivimos nuestras vidas.

Es vital recordar que las posesiones no nos definen. Nuestro verdadero valor proviene de nuestro carácter, nuestras acciones y la forma en que tratamos a los demás. Al centrarnos en el desarrollo de valores internos y en vivir de manera auténtica, encontramos una fuente de valor y satisfacción que no puede ser arrebatada por las circunstancias externas. En un mundo que a menudo valora lo superficial, es un acto de coraje y sabiduría reconocer que nuestro verdadero valor no radica en lo que poseemos.

Reflexión Final.

La Biblia nos enseña repetidamente que nuestro verdadero valor no está en las posesiones materiales, sino en nuestra relación con Dios y en cómo vivimos nuestras vidas de acuerdo con Sus principios. Las riquezas terrenales son pasajeras y no pueden definirnos ni darnos un valor duradero.

En Lucas 12:15, Jesús advierte sobre la trampa de la avaricia y la falsa seguridad en las posesiones materiales:

"Y les dijo: ¡Cuidado! Guardaos de toda avaricia; porque la vida del hombre no consiste en la abundancia de los bienes que posee." Lucas 12:15, (RV2000)

Este pasaje nos recuerda que la verdadera esencia de nuestra vida y nuestro valor no dependen de la cantidad de bienes que poseemos. Jesús nos llama a ser ricos en lo que realmente importa: nuestra fe, nuestras acciones y nuestra relación con Dios.

Otro ejemplo se encuentra en 1 Timoteo 6:17-19, donde el apóstol Pablo instruye a los ricos sobre la verdadera fuente de su seguridad y valor:

"A los ricos de este siglo manda que no sean altivos, ni pongan la esperanza en la incertidumbre de las riquezas, sino en el Dios vivo, que nos da todas las cosas en abundancia para que las disfrutemos. Que hagan bien, que sean ricos en buenas obras, dadivosos, prontos a compartir. Atesorando para sí buen fundamento para lo por venir, que echen mano de la vida eterna." 1 Timoteo 6:17-19, (RV2000)

Aquí, Pablo enfatiza que la seguridad y el valor no deben basarse en las riquezas materiales, que son inciertas, sino en Dios. Nos anima a ser ricos en buenas obras y a poner nuestra esperanza en la vida eterna, algo que las posesiones materiales no pueden ofrecer.

La sociedad moderna a menudo nos empuja a medir nuestro valor por las cosas que poseemos, pero la Biblia nos enseña una verdad diferente. Nuestro verdadero valor está en nuestra identidad como hijos de Dios, en nuestra fe y en las buenas obras que realizamos. Las posesiones pueden desaparecer, pero nuestro carácter y nuestra relación con Dios son eternos.

Al entender y vivir esta verdad, encontramos una paz y una seguridad que las riquezas materiales no pueden proporcionar. Nos liberamos de la necesidad de compararnos con otros basándonos en posesiones y en cambio, nos enfocamos en lo que realmente importa: ser personas de integridad, amor y fe.

No siempre se gana, sin embargo, siempre se gana en el hacer.

La frase "No siempre se gana, sin embargo, siempre se gana en el hacer" encapsula una verdad profunda sobre la naturaleza del esfuerzo y el crecimiento personal. A menudo, nuestras sociedades y culturas están enfocadas en los resultados, premiando únicamente los éxitos visibles y tangibles. Sin embargo, esta visión puede ser limitante y puede llevar a la frustración y el desánimo cuando los resultados no coinciden con nuestras expectativas.

El verdadero valor no siempre reside en el resultado final, sino en el proceso y el esfuerzo invertido. Cada intento, cada esfuerzo y cada paso hacia un objetivo aportan algo valioso, independientemente del resultado. En el acto de hacer, aprendemos, crecemos y nos desarrollamos. Este proceso de aprendizaje y desarrollo es, en sí mismo, una forma de ganar.

En la vida, muchas personas enfrentan una pregunta recurrente: "¿Para qué hacer esto o aquello? ¿Qué voy a lograr con eso? ¿Cuánto tiempo me tomará hacerlo?" Este tipo de cuestionamientos, a menudo alimentados por un pesimismo enfermizo, pueden ser sumamente negativos y contraproducentes para el desarrollo personal. Es crucial, entonces, desarrollar un espíritu positivo que nos permita visualizar el potencial de nuestras acciones.

Un espíritu positivo comienza con la capacidad de visualizar nuestras metas realizadas. Pensar de manera positiva y visualizar el resultado tal y como lo hemos soñado nos permite vernos como triunfadores en aquello que nos hemos propuesto. Es vital afirmar en nuestros pensamientos que la satisfacción o el triunfo no se encuentra únicamente al final del camino, sino también en el proceso mismo. Intentar algo ya es, en sí mismo, una victoria.

La satisfacción de lo que estamos haciendo es un triunfo en sí mismo. Esto significa que, al intentarlo, ya hemos obtenido una victoria. De esta manera, nos deleitamos y gozamos del proceso hacia la meta que nos hemos propuesto alcanzar. Disfrutamos del camino, al igual que el caminante que no encuentra un camino ya hecho, sino que lo crea al andar.

Considera un viaje a la playa. No cierras los ojos durante el trayecto para luego abrirlos solo al llegar. En cambio, mantienes los ojos bien abiertos, apreciando y disfrutando del paisaje que la naturaleza ofrece. Del mismo modo, si el tiempo que vas a invertir en una tarea te preocupa, piensa que el tiempo pasará igual si haces o no haces algo. ¿Qué mejor que pase habiendo intentado y logrado algo?

Si por alguna razón no obtienes o no logras lo que te has propuesto, la experiencia en sí misma es una ganancia intrínseca desde el principio hasta el fin. De modo que, si surgen dudas en ti antes de comenzar, supéralas. Podrías sorprenderte de lo gratificante que es vencer los temores y de todo lo que aprenderás en el camino hacia lo que buscas.

Una voluntad a prueba de todo es una de las herramientas más poderosas para avanzar. Recuerda siempre: "No siempre se gana, sin embargo, siempre se gana en el hacer." Cada intento, es un paso hacia adelante y una victoria en el camino de la vida

Cada esfuerzo que realizamos nos enseña algo nuevo. Puede ser una nueva habilidad, una nueva perspectiva o una lección sobre lo que no funciona. Este conocimiento acumulado es invaluable y contribuye a nuestro crecimiento personal y profesional.

El acto de esforzarse, incluso cuando no se logra el éxito inmediato, fortalece nuestra capacidad de perseverar. La resiliencia se construye a través de la experiencia de enfrentar desafíos y superarlos, incluso si el resultado no es el deseado.

El compromiso con el hacer, independientemente del resultado, fomenta virtudes como la disciplina, la diligencia y la paciencia. Estas cualidades son fundamentales para el desarrollo de un carácter fuerte y una vida con propósito.

La frase también nos invita a replantear nuestra definición de éxito. En lugar de verlo como un destino o un resultado específico, podemos entender el éxito como un viaje continuo de crecimiento y mejora. Cada esfuerzo nos acerca más a nuestras metas, nos permite afinar nuestras estrategias y nos prepara mejor para futuros desafíos.

En lugar de medir el éxito solo por los resultados finales, podemos medirlo por el progreso que hacemos. Cada pequeño paso hacia adelante es un éxito en sí mismo y merece ser celebrado.

Cada error o fracaso es una oportunidad para aprender y mejorar. Este enfoque transforma las derrotas en victorias, ya que cada lección aprendida nos hace más sabios y mejor preparados para el futuro.

A veces, el mayor éxito no es el que se ve desde afuera, sino el impacto personal que tiene el esfuerzo en nosotros mismos. Cada desafío superado, cada esfuerzo realizado, contribuye a nuestra autoeficacia y a nuestra autoestima.

Para aprovechar al máximo el concepto de que "siempre se gana en el hacer," es útil adoptar una mentalidad de crecimiento. Esto implica ver cada esfuerzo y cada desafío como una oportunidad para aprender y crecer, en lugar de solo enfocarse en el resultado final.

Al establecer metas, es importante centrarse no solo en el resultado final, sino también en los pasos intermedios y en el proceso de lograr esas metas. Esto ayuda a mantener la motivación y a celebrar el progreso a lo largo del camino.

Después de cada esfuerzo, tómate un tiempo para reflexionar sobre lo que has aprendido y cómo puedes aplicar esas lecciones en el futuro. Esto convierte cada experiencia en una fuente de crecimiento y mejora continua.

Enfrentar los desafíos con una actitud positiva y un enfoque en el aprendizaje puede transformar incluso las experiencias más difíciles en oportunidades valiosas.

"No siempre se gana, sin embargo, siempre se gana en el hacer" nos enseña que el verdadero valor del esfuerzo no reside únicamente en los resultados, sino en el proceso mismo. Al abrazar esta perspectiva, podemos encontrar significado y satisfacción en cada acción que realizamos, reconociendo que cada esfuerzo nos acerca un paso más a nuestra mejor versión. Este enfoque no solo nos ayuda a perseverar en los momentos difíciles, sino que también nos permite disfrutar y valorar cada etapa del viaje hacia nuestras metas.

No siempre se gana, sin embargo, siempre se gana en el hacer y en el aprender.
El mayor triunfo no es llegar a la meta, sino crecer en el camino hacia ella.

La vida es un viaje, no un destino. Disfruta del proceso.

Reflexión final.

La Biblia proporciona una visión valiosa sobre el valor intrínseco del esfuerzo, independientemente del resultado final. Este enfoque se centra en la importancia del proceso y del crecimiento personal y espiritual que ocurre a través de nuestras acciones.

En Eclesiastés 9:10, se nos insta a poner todo nuestro esfuerzo en cualquier tarea que emprendamos:

"Todo lo que te venga a la mano para hacer, hazlo con toda tu fuerza; porque en el sepulcro adónde vas, no hay obra, ni planes, ni ciencia, ni sabiduría." Eclesiastés 9:10, (RV2000)

Este versículo nos anima a dar lo mejor de nosotros mismos en cada tarea, recordándonos que el verdadero valor reside en el esfuerzo y la dedicación que ponemos en nuestras acciones.

En 1 Corintios 15:58, Pablo exhorta a los creyentes a ser constantes y dedicados en su trabajo para el Señor, sabiendo que su esfuerzo no es en vano:

"Así, hermanos míos amados, estad firmes y constantes, abundando en la obra del Señor siempre, sabiendo que vuestro trabajo en el Señor no es en vano." 1 Corintios 15:58, (RV2000)

Aquí, se nos asegura que cada esfuerzo realizado con la motivación correcta y para la gloria de Dios tiene un valor eterno, independientemente del resultado visible.

El apóstol Pablo también nos enseña en Filipenses 3:13-14 sobre la importancia de seguir adelante y esforzarse continuamente:

"Hermanos, no considero haberlo ya alcanzado; pero una cosa hago, olvido lo que queda atrás, me extiendo a lo que está delante, y prosigo a la meta, al premio al que Dios me ha llamado desde el cielo en Cristo Jesús." Filipenses 3:13-14, (RV2000)

Este pasaje resalta la importancia de no quedarse estancado en el pasado, sino de seguir avanzando y esforzándose hacia la meta, reconociendo que el proceso mismo de "hacer" es en sí mismo un logro.

"No siempre se gana, sin embargo, siempre se gana en el hacer" es una invitación a valorar cada esfuerzo y acción como una oportunidad para crecer y aprender. A través de nuestras acciones, nos desarrollamos como individuos y nos acercamos más a la plenitud de nuestro propósito en la vida, tal como lo enseña la Biblia.

La filosofía de la exigencia, siempre el mayor esfuerzo hasta lograrlo. ¿Hasta dónde estás dispuesto a llegar, cuanto estas dispuesto a hacer para alcanzar tus sueños?

Volviendo a tomar como referencia mi vida en el internado militar, aprendí que hay tres tipos de personas: aquellos que no hacen ni lo que se les pide, aquellos que solo hacen lo que se les pide, y aquellos que hacen lo que se les pide y algo más. Este último tipo es el que nuestra formación disciplinaria en el instituto aspiraba a formar.

Hoy en día, se utiliza mucho la frase "zona de confort". Si tenemos un ideal y un propósito de vida, créame, o al menos tome como evidencia mi experiencia, que quedarse en su zona de confort no le permitirá ir más allá. Esa actitud no le llevará a explorar todas las posibilidades que existen. En términos muy coloquiales, podríamos decir que debemos "tirarnos al ruedo", siempre dispuestos a dar la milla extra, a concentrarnos en nuestros objetivos. Si de una manera no logramos nuestro objetivo, lo lograremos de otra forma. Si la carreta no avanza con los bueyes que la tiran, la empujamos; y si no podemos empujarla con las manos, la empujaremos con los pies. Siempre debemos hacer el mayor esfuerzo sin pensar que existe un "último esfuerzo". El último esfuerzo se hará cuando seamos llamados al descanso final. Hasta entonces, siempre hay un camino que caminar, un sendero que forjar, un intento más por realizar.

Dar un poco más de lo que usualmente damos y esforzarnos al máximo es la llave para lograr el objetivo, un objetivo que muchas veces va más allá de lo que podemos ver. A mis hijos siempre les digo que pueden lograr grandes cosas, que pueden ser mejores solo identificando lo que otros no hacen, pero deberían hacer. Hay personas que no están dispuestas a llegar temprano ni a quedarse un poco más tarde, y con esto, se mantienen en el límite, sin hacer su mayor esfuerzo. Estas personas buscan algo, pero se detienen antes de llegar al próximo nivel, antes de doblar la próxima esquina. Se preguntan hasta cuándo hay que caminar, hasta cuándo hay que esforzarse. La respuesta es simple: hasta lograrlo. Si no se logra hoy, se logrará mañana; si no mañana, después. Pero nunca debemos detenernos.

No debemos quedarnos en nuestra zona de confort; debemos dar la milla extra y hacer el esfuerzo necesario para lograr lo que nos hemos propuesto, sin excusas. Cuando digo sin excusas, lo digo en serio. Como decía mi madre, cuando un hombre está trabajando, solo se detiene para tomar un respiro, descansar un momento y luego continuar hasta terminar la tarea.

Si tiene que madrugar, madrugue. Si tiene que anochecer, anochezca. Si tiene que acostarse tarde, acuéstese tarde. Planifique para lograr sus objetivos. Adopte la mentalidad de que no está cansado, solo agotado y con baja energía. La mentalidad de cansancio es dejar de hacer; estar agotado es recuperar energía y seguir adelante. ¿Hasta cuándo? Hasta lograrlo. Sin temor alguno.

En la búsqueda de una vida con propósito, adoptar la filosofía de la exigencia es fundamental. Esta filosofía se basa en la premisa de que debemos esforzarnos al máximo en todo lo que hacemos, sin conformarnos con menos de lo que somos capaces de lograr. La exigencia no solo se trata de alcanzar metas ambiciosas, sino también de desarrollar una actitud perseverante y comprometida que nos impulse a dar lo mejor de nosotros mismos en cada situación.

La filosofía de la exigencia nos invita a abrazar el esfuerzo constante y a valorar el proceso tanto como el resultado. Es un llamado a la acción y a la dedicación, a no rendirse ante los desafíos y a mantener una mentalidad de superación continua. Esta mentalidad no solo nos lleva a alcanzar nuestras metas, sino que también nos transforma, moldeando nuestro carácter y fortaleciendo nuestra resiliencia.

Imagina a un escultor frente a un bloque de mármol. Cada golpe de su cincel, cada esfuerzo, cada momento de paciencia y dedicación, es parte esencial del proceso para revelar la obra maestra que yace oculta en la piedra.

Un atleta de élite se somete a un entrenamiento riguroso y constante, exigiéndose al máximo para alcanzar la victoria. Un emprendedor enfrenta numerosos desafíos y obstáculos en su camino hacia el éxito. La exigencia lo impulsa a perseverar y a encontrar soluciones innovadoras. Del mismo modo, en nuestra vida, cada esfuerzo, por pequeño que parezca, nos acerca a la realización de nuestro potencial.

El compromiso con la excelencia es un principio rector en esta filosofía. Se trata de hacer un esfuerzo consciente para mejorar continuamente, de no contentarse con lo fácil o lo cómodo, sino de buscar siempre la mejor versión de uno mismo. La exigencia nos impulsa a superar nuestros propios límites y a descubrir capacidades que quizás no sabíamos que teníamos.

La filosofía de la exigencia también nos enseña la importancia de la disciplina y la constancia. No se trata de un esfuerzo esporádico, sino de un compromiso diario. Es la constancia en el esfuerzo lo que nos permite progresar y alcanzar nuestras metas. Como dijo Aristóteles, "Somos lo que hacemos repetidamente. La excelencia, entonces, no es un acto, sino un hábito."

Al adoptar esta filosofía, aprendemos a apreciar el valor del trabajo duro y la dedicación. Nos damos cuenta de que cada paso en el camino, cada esfuerzo, nos fortalece y nos prepara para los desafíos futuros. Aprendemos que el verdadero éxito no se mide solo por los resultados, sino también por el crecimiento y la transformación que experimentamos en el proceso.

La filosofía de la exigencia nos invita a dar siempre el mayor esfuerzo hasta lograrlo. Es un llamado a vivir con propósito, a esforzarnos al máximo en todo lo que hacemos y a no rendirnos ante las dificultades. Al adoptar esta mentalidad, no solo alcanzamos nuestras metas, sino que también nos convertimos en personas más fuertes, resilientes y realizadas.

Reflexión Final.

La filosofía de la exigencia implica un compromiso constante y decidido para dar lo mejor de uno mismo en cada aspecto de la vida. Este enfoque no solo se centra en alcanzar metas, sino en el crecimiento y desarrollo personal que se logra a través del esfuerzo continuo. La Biblia nos ofrece una rica fuente de inspiración y guía para adoptar esta filosofía, enfatizando la importancia del trabajo diligente, la perseverancia y la fe en nuestras acciones.

El libro de Proverbios destaca la importancia del trabajo diligente y la constancia en nuestras labores. En Proverbios 12:24 leemos:

"La mano de los diligentes gobernará, pero la negligencia será tributaria." Proverbios 12:24, (RV2000)

Este versículo subraya que el esfuerzo diligente lleva al éxito y al liderazgo, mientras que la pereza y la falta de esfuerzo nos llevan a la mediocridad y la dependencia. Adoptar una mentalidad de esfuerzo constante y máximo es clave para alcanzar nuestras metas y propósitos.

La perseverancia es fundamental en la filosofía de la exigencia. En Santiago 1:4 se nos anima a perseverar en nuestras pruebas para alcanzar la madurez completa:

"Pero tenga la paciencia su obra completa, para que seáis perfectos y cabales, sin que os falte cosa alguna." Santiago 1:4, (RV2000)

Este pasaje nos enseña que la perseverancia en medio de las dificultades no solo nos lleva a alcanzar nuestras metas, sino que también nos perfecciona y nos fortalece en el proceso.

La Biblia también nos enseña que la fe y la acción deben ir de la mano. En Santiago 2:17 se nos dice:

"Así también, si la fe no tiene obras, está muerta." Santiago 2:17, (RV2000)

Este versículo nos recuerda que no basta con tener fe; debemos demostrar nuestra fe a través de nuestras acciones y esfuerzos. La verdadera fe se manifiesta en el trabajo diligente y en el esfuerzo constante por alcanzar nuestros objetivos.

Colosenses 3:23 nos insta a trabajar con excelencia en todo lo que hacemos:

"Y todo lo que hagáis, hacedlo de corazón, como para el Señor y no para los hombres." Colosenses 3:23, (RV2000)

Este versículo nos llama a dar lo mejor de nosotros mismos en cada tarea, como si estuviéramos trabajando directamente para Dios. Esta mentalidad nos ayuda a mantener un alto estándar de excelencia en todas nuestras acciones.

La filosofía de la exigencia nos invita a dar siempre el mayor esfuerzo hasta lograr nuestras metas. La Biblia nos proporciona una guía clara y poderosa para adoptar esta mentalidad. Nos enseña la importancia del trabajo diligente, la perseverancia en las dificultades, la integración de la fe con nuestras acciones y el compromiso con la excelencia. Al adoptar estos principios, no solo alcanzamos nuestras metas, sino que también crecemos y nos desarrollamos de manera integral, cumpliendo así con los propósitos que Dios tiene para nuestras vidas.

Comprométete, con el compromiso al que te comprometiste.

Es de suma importancia entender con precisión lo que significa el compromiso y el acto de comprometerse. A menudo, tomamos esta expresión con poca seriedad, como si no tuviera relevancia real. Sin embargo, la palabra compromiso nace precisamente para indicar que aquello a lo que nos estamos comprometiendo es algo serio. Al decir "me comprometo", estamos dando nuestra palabra, firmando un contrato moral que le da credibilidad a nuestras intenciones, tanto para nosotros como para aquellos que nos escuchan.

En nuestra búsqueda de una vida con propósito, uno de los pilares fundamentales es el compromiso. Este compromiso no es simplemente una palabra vacía o una promesa hecha a la ligera; es una dedicación profunda y consciente a nuestros ideales, metas y valores. La frase "Comprométete, con el compromiso al que te comprometiste" nos invita a reflexionar sobre la seriedad y la profundidad de nuestras promesas y responsabilidades.

Recuerdo cuando le planteé a mi mamá el deseo de ingresar en el instituto militar. Debido a nuestra situación económica, sabía que para ella sería un gran sacrificio, especialmente porque no contaba con el apoyo de mi papá. Sin embargo, le dije: "Mamá, si logramos hacerlo, te prometo que haré todo lo posible para no defraudarte y salir adelante." En ese momento, estaba convencido de mis palabras, y prueba de ello es que, después de tanto sacrificio, logramos el objetivo.

El compromiso es una fuerza poderosa que impulsa nuestras acciones y decisiones. Es la promesa de mantenernos firmes en nuestros propósitos, incluso cuando enfrentamos desafíos y adversidades. Comprometerse significa estar dispuesto a invertir tiempo, esfuerzo y recursos para alcanzar nuestros objetivos, y hacerlo con una actitud de perseverancia y determinación.

Decir "comprométete con el compromiso al que te comprometiste" implica más que simplemente declarar una intención. Es un compromiso profundo de cumplir con lo prometido, pase lo que pase. A menudo, encontramos excusas para no cumplir nuestras promesas, como el mal tiempo o cualquier otro contratiempo. Sin embargo, comprometerse verdaderamente significa que nada, ni nadie, impedirán que cumplamos con lo que hemos dicho.

Cuando surja el desánimo, la pereza o cualquier otra excusa, debemos recordar que nos hemos comprometido. Esta idea debe ser interiorizada para superar los obstáculos que se presenten, especialmente cuando la zona de confort nos llama a tomar el camino fácil. Debemos someter nuestro cuerpo y nuestras intenciones a la prueba y concentrarnos en que lo que hacemos es para nuestro bienestar y el de los que nos rodean.

El compromiso nos dice: "No te detengas. Hazlo. Respeta lo que has dicho." Haz un nudo a la palabra comprometida. Respétate y respeta tus deseos, sueños y objetivos, dándoles la importancia que merecen. Mira en ellos el reflejo de tu futuro y bienestar. No debe ser solo una actitud pasajera o una palabra vacía. Cuando decimos "me comprometo," debemos reafirmar ese compromiso una y otra vez, diciéndonos a nosotros mismos: "Haré lo que tenga que hacer. No habrá nada ni nadie que me aleje de esto."

Una vida con propósito no se construye de la noche a la mañana. Requiere un compromiso continuo y renovado a diario. Cuando nos comprometemos con algo, ya sea una meta personal, una relación o un proyecto, estamos declarando que estamos dispuestos a hacer lo necesario para cumplirlo. Este tipo de compromiso nos da dirección y nos ayuda a mantenernos enfocados, incluso cuando el camino se vuelve difícil.

Comprometerse con el compromiso al que nos comprometimos significa reafirmar constantemente nuestras promesas y responsabilidades. Es un recordatorio de que nuestras palabras y acciones deben estar alineadas. Este tipo de compromiso es una señal de integridad y responsabilidad personal.

Por ejemplo, si has decidido dedicarte a una causa, a un proyecto de vida o a una mejora personal, debes recordar por qué hiciste esa promesa en primer lugar. Reafirmar ese compromiso te ayudará a superar los momentos de duda y desánimo, y te permitirá mantener el curso hacia tus objetivos.

Imagina a un estudiante que se compromete a obtener un título universitario. Al principio, el entusiasmo y la motivación son altos, pero con el tiempo, puede enfrentar desafíos como exámenes difíciles, presión académica y responsabilidades personales. En esos momentos, el estudiante debe recordar su compromiso inicial: la promesa de obtener su título. Al reafirmar ese compromiso, encontrará la fuerza y la determinación para continuar esforzándose, estudiar arduamente y superar los obstáculos.

Cada uno de nosotros tiene compromisos que hemos hecho en nuestra vida. Tal vez te has comprometido a mejorar tu salud, a fortalecer tus relaciones, a desarrollar tus habilidades o a servir a tu comunidad. Sea cual sea tu compromiso, recuerda que mantenerlo requiere esfuerzo y dedicación continua.

Comprométete con el compromiso al que te comprometiste. Reafirma tu propósito diariamente y trabaja incansablemente para alcanzarlo. Al hacerlo, no solo lograrás tus metas, sino que también vivirás una vida con propósito y significado.

El compromiso es un componente esencial de una vida con propósito. Nos guía, nos motiva y nos da la fuerza para perseverar. "Comprométete, con el compromiso al que te comprometiste" es un llamado a la acción, una invitación a ser fieles a nuestras promesas y a mantenernos firmes en nuestros propósitos. Al hacerlo, no solo transformamos nuestras vidas, sino que también inspiramos a otros a seguir nuestro ejemplo.

Reflexión final.

El compromiso es una piedra angular en la vida de propósito. Cuando tomamos la decisión de comprometernos con una meta, un ideal o una causa, estamos estableciendo una promesa no solo con los demás, sino también con nosotros mismos y con Dios.

El compromiso implica una dedicación profunda y constante a nuestros ideales y metas. No es simplemente una declaración de intenciones, sino una promesa de acción y perseverancia. En Mateo 5:37, Jesús nos enseña sobre la importancia de la integridad en nuestras palabras:

"Sino que vuestro Sí sea Sí, y vuestro no sea no. Lo que pasa de esto, procede del maligno." Mateo 5:37 (RV2000).

Este versículo nos recuerda que nuestras promesas y compromisos deben ser sinceros y auténticos, reflejando un corazón íntegro y una voluntad firme.

Una vida con propósito requiere de un compromiso continuo y renovado diariamente. Al comprometernos con algo, ya sea una meta personal, una relación, o un proyecto, declaramos nuestra disposición a invertir tiempo, esfuerzo y recursos para alcanzarlo. En Lucas 9:62, Jesús nos dice:

"Jesús contesto: Ninguno que pone su mano al arado mira hacia atrás, es apto para el reino de Dios." Lucas 9:62 RV 2000.

Este versículo enfatiza la necesidad de mantener nuestro enfoque y determinación una vez que hemos decidido seguir un camino.

Comprometerse con el compromiso al que nos comprometimos significa reafirmar constantemente nuestras promesas y responsabilidades. Es un recordatorio de que nuestras acciones deben estar en línea con nuestras palabras. En Eclesiastés 5:4-5 se nos advierte sobre la seriedad de hacer promesas a Dios:

"Cuando hagas a Dios promesa, no tardes en pagarla, porque no se agrada de los insensatos. Paga lo que prometas. Mejor es no prometer, que prometer y no cumplir." Eclesiastés 5:4-5 (RV2000.

Este pasaje nos exhorta a ser conscientes de nuestras promesas y a cumplirlas con fidelidad.

Finalmente, en 2 Timoteo 4:7, Pablo refleja la culminación de un compromiso bien cumplido:

"He peleado la buena batalla, he acabado la carrera, he guardado la fe." 2da de Timoteo 4:7 (RV2000)

Aquí, Pablo muestra cómo la perseverancia y el compromiso con la fe y la misión encomendada resultan en una vida plena y significativa.

El compromiso es una virtud que nos acerca a Dios y nos fortalece en nuestra jornada espiritual. Al comprometernos con nuestros propósitos y promesas, estamos siguiendo el ejemplo de fidelidad y perseverancia que Dios nos ha mostrado a través de Su Palabra.

La filosofía de vida de cerrar puertas y ventanas.

En la vida, todos tenemos legítimas aspiraciones: queremos mejorar, tener una mejor vida, transitar hacia nuevos horizontes, descubrir cosas nuevas, ser personas de éxito, iniciar un proyecto de vida y llevarlo a cabo hasta conseguir lo que nos proponemos. Imagina estas aspiraciones como una unidad, un todo, un ente formado por ti y tus deseos, una voluntad unificada.

Visualiza esta unidad como un cuerpo entero, que llevas a un cuarto o a un apartamento. Luego, cierra todas las puertas y ventanas de ese espacio. Esto simboliza que, una vez dentro, no hay manera de abandonar ninguna de tus aspiraciones ni de permitir que el desánimo te alcance. Las puertas y ventanas cerradas impiden cualquier intento de escape, cualquier pensamiento de renunciar.

Esta es la esencia de la filosofía de cerrar puertas y ventanas: si en algún momento piensas en buscar una salida, no la encontrarás porque todo está cerrado. Si te dices "esto no lo haré porque ya no quiero", no podrás hacerlo porque las puertas del desánimo están cerradas. La ventana que te lleva a abandonar tu propósito está cerrada. La puerta que te permite escapar está cerrada. La ventana que te dice "por aquí para no hacer nada" está cerrada.

Estás dentro, comprometido con tus aspiraciones, y debes llevarlas a cabo porque no hay puertas ni ventanas que te permitan escapar de tu propósito. Esta filosofía implica que no hay opciones de retroceso; debes hacerlo porque no hay alternativas. No puede entrar ni salir nada que contradiga tu propósito.

La frase "La filosofía de vida de cerrar puertas y ventanas" encapsula una mentalidad de compromiso absoluto y determinación inquebrantable. Esta filosofía implica que una vez que hemos tomado una decisión para mejorar nuestra vida, debemos eliminar cualquier vía de escape, garantizando así que no hay marcha atrás.

Cerrar puertas y ventanas es una metáfora que representa el acto de eliminar las opciones de retroceso o abandono. Es una manera de asegurarnos de que nos mantendremos firmes en nuestro camino elegido, sin permitir que las dudas, las tentaciones o las distracciones nos desvíen de nuestros objetivos. Esta filosofía nos fuerza a enfocarnos completamente en la meta que hemos decidido alcanzar.

Adoptar esta filosofía significa comprometernos totalmente con nuestras decisiones. Cuando cerramos puertas y ventanas, estamos simbolizando un compromiso inquebrantable. No hay espacio para el arrepentimiento o la reconsideración; solo existe el camino hacia adelante. Este nivel de compromiso nos impulsa a perseverar y a encontrar soluciones a los desafíos que inevitablemente surgirán.

La vida está llena de obstáculos y momentos de incertidumbre. Sin embargo, al cerrar puertas y ventanas, nos obligamos a desarrollar una mentalidad de resiliencia. Esta filosofía nos enseña a ser creativos y a encontrar maneras de superar los retos, sabiendo que no hay opción de retroceder. La determinación se convierte en una fuerza motriz que nos lleva a buscar siempre la manera de avanzar, incluso cuando el camino se torna difícil.

Con las puertas y ventanas cerradas, ya no hay lugar para excusas o justificaciones. A menudo, las personas buscan vías de escape cuando se enfrentan a situaciones difíciles, justificando su falta de acción o compromiso. Al adoptar esta filosofía, nos comprometemos a enfrentar nuestras responsabilidades de frente y a buscar soluciones en lugar de excusas. Nos responsabilizamos plenamente por nuestras decisiones y acciones.

Cerrar puertas y ventanas nos permite mantener un enfoque claro y directo en nuestras metas. Sin las distracciones de alternativas, podemos concentrarnos plenamente en lo que realmente importa. Esta claridad de propósito es esencial para el éxito, ya que nos permite dirigir toda nuestra energía y recursos hacia la consecución de nuestros objetivos.

Adoptar la filosofía de cerrar puertas y ventanas no solo fortalece nuestro compromiso y determinación, sino que también promueve nuestro crecimiento personal. Al enfrentarnos a los desafíos sin opciones de retroceder, desarrollamos habilidades de resolución de problemas, resiliencia y autoconfianza. Cada obstáculo superado nos hace más fuertes y capaces de enfrentar futuros desafíos.

Imagina que decides embarcarte en una nueva carrera profesional. Adoptar esta filosofía significaría comprometerte plenamente con tu elección, eliminando cualquier pensamiento de volver a tu antiguo trabajo o cambiar de rumbo si las cosas se ponen difíciles. Cerrar puertas y ventanas en este contexto te obliga a buscar oportunidades de aprendizaje, a adaptarte a nuevas circunstancias y a persistir hasta alcanzar el éxito.

La filosofía de vida de cerrar puertas y ventanas es una poderosa herramienta para aquellos que desean vivir una vida con propósito. Al eliminar las opciones de retroceso y comprometerse plenamente con nuestras decisiones, cultivamos una mentalidad de determinación, resiliencia y enfoque. Esta filosofía nos empodera para enfrentar los desafíos con valentía y nos guía hacia la realización de nuestros objetivos y sueños.

Si decides iniciar el camino hacia una vida mejor, cierras todas las vías de escape. No puede entrar la duda ni el desánimo. Adopta esta filosofía y descubre el poder transformador de un compromiso inquebrantable. Estás como preso en tus propias ideas y propósitos, y la única manera de alcanzar la libertad es logrando lo que te has propuesto. Esta libertad vendrá con el triunfo de haber realizado lo que te propusiste hacer.

La única salida, la única manera de abrir las puertas y ventanas, es cumpliendo con tus metas. Solo entonces podrás salir y gritar "¡lo he logrado!".

Reflexión final.

A menudo, las excusas y las justificaciones se convierten en nuestras peores enemigas. Cuando dejamos abiertas las puertas y ventanas, permitimos que las dudas y las excusas entren y nos distraigan de nuestro propósito. Pero al cerrar estas vías de escape, nos comprometemos a enfrentar nuestras responsabilidades sin buscar salidas fáciles. En 1 Corintios 10:13, se nos asegura:

"No os ha venido ninguna tentación, si no humana. Pero Dios es fiel, y no os dejará ser tentados más de lo que podéis resistir, antes, junto con la tentación os dará también la salida, para que podáis soportar." 1ra de Corintios 10:13 (RV 2000).

Este versículo nos da la certeza de que podemos superar cualquier desafío si permanecemos firmes en nuestro compromiso.

La filosofía de cerrar puertas y ventanas no solo se aplica a nuestros objetivos personales y profesionales, sino también a nuestro crecimiento espiritual. Al comprometernos con nuestra fe y nuestras creencias, eliminamos cualquier posibilidad de desviarnos del camino recto. En hebreos 12:1-2, se nos exhorta:

"Por tanto, nosotros también, teniendo en derredor nuestro tan grande nube de testigos, dejamos de todo lo que estorba, y el pecado que tan fácilmente nos enreda, y corramos con perseverancia la carrera que nos es propuesta. Fijos los ojos en Jesús, autor y perfeccionador de la fe, quien en vista del gozo que le esperaba, sufrió la cruz, menosprecio la vergüenza, y se sentó a la diestra del trono de Dios," hebreos 12:1-2 (RV 2000).

Aquí, se nos anima a mantenernos enfocados en nuestra meta espiritual, despojándonos de cualquier cosa que pueda distraernos.

Cierra las puertas y ventanas a las dudas, a las tentaciones y a las excusas. Comprométete plenamente con tus decisiones y avanza con determinación y fe. Así, alcanzarás una vida con propósito y significado, reflejando el compromiso y la fidelidad que Dios nos muestra en Su Palabra.

Vivir con acción de gracia por el don de la vida y por la vida que nos tocó vivir.

Vivir con acción de gracia por el don de la vida, por la vida que nos tocó vivir, es un fundamento esencial para llevar una vida con propósito. Vivir con gratitud es una actitud que nos permite encontrar sentido y propósito en cada momento, independientemente de las circunstancias. Al construir nuestra vida sobre los principios que hemos discutido hasta ahora, nos preparamos para crecer y cultivar una vida plena en el sentido más amplio y profundo de estas palabras.

Más allá de cualquier aflicción y de todas las adversidades que puedan surgir, la vida es hermosa en sí misma. Su complejidad es tal que mi mente finita apenas puede comenzar a definir. La vida, sabiamente fundamentada, es y será una experiencia placentera que nos acompañará hasta el final de nuestros días. No es un evento al azar, sino un milagro de la creación, un orden mayor. Por esta y muchas otras razones, debemos vivir con acción de gracia.

La vida no es algo que hayamos elegido; no tuvimos control sobre las circunstancias de nuestro nacimiento ni sobre las condiciones en las que nos encontramos. Este evento fue y sigue siendo un regalo sorpresa. Por ello, debemos dar gracias a la vida por el regalo que nos ofrece. Reconocer esto nos lleva a una profunda gratitud. Cada día que despertamos y respiramos es un milagro. La simple capacidad de experimentar el mundo, de sentir, de amar y de aprender es en sí misma una bendición inmensa.

Cuando vivimos con gratitud, aprendemos a apreciar los pequeños detalles: el amanecer, una sonrisa, una conversación. Cada uno de estos momentos se convierte en una joya, realzando la belleza de la vida que de otro modo podríamos pasar por alto.

Estudios han demostrado que la gratitud tiene efectos positivos en nuestra salud física y emocional. Reduce el estrés, mejora el sueño y aumenta nuestra felicidad. Vivir con gratitud nos ayuda a mantener una mente y un cuerpo saludables.

Cuando vivimos con gratitud, nuestras relaciones mejoran. Apreciar a las personas en nuestras vidas y expresar ese agradecimiento fortalece nuestros vínculos y crea un ambiente de amor y respeto mutuo.

Cada uno de nosotros tiene una historia única, llena de experiencias que nos han moldeado. La vida que nos ha tocado vivir incluye tanto momentos de alegría como de desafío. Aceptar y agradecer por toda nuestra experiencia vital, con sus altos y bajos, nos permite vivir con plenitud y autenticidad.

Los desafíos y las dificultades no son impedimentos para una vida agradecida; al contrario, son oportunidades para crecer y fortalecernos. Agradecer incluso por los momentos difíciles nos ayuda a desarrollar resiliencia y a encontrar un propósito más profundo en nuestras vivencias.

No te compares con los demás, porque siempre habrá alguien mejor o peor que tú en algún aspecto. En lugar de ello, agradece al Señor por lo que te ha tocado, por lo que te corresponde y por lo que te ha dado. Desde ahí, puedes encaminarte hacia un propósito de vida que te hayas propuesto alcanzar.

Agradece por el inicio de tu vida y por tener lo necesario para avanzar. La vida misma, independientemente de lo que ocurra o haya ocurrido, te ha posicionado adecuadamente para vivir con propósito. Con fundamentos bien arraigados en ti, estás listo para lograr todo lo que te propongas y para cultivar una vida plena. Da gracias a Dios por lo que tienes, porque con ello es más que suficiente para continuar y avanzar.

Ahora que tienes la vida, te corresponde buscar el próximo nivel con dedicación. No permitas que ninguna inconformidad o queja perturbe o interfiera con tu agradecimiento. Vive en paz, dando testimonio de tu gratitud, viviendo con respeto y amor propio. Vive tu vida sin dejar de amar a Dios ni a los demás, apreciando la vida que tienes y que te ha tocado vivir.

Vivir con acción de gracia por el don de la vida y por la vida que nos tocó vivir es una decisión consciente que transforma nuestra existencia. Nos permite ver la belleza y el propósito en cada momento, fortalecer nuestras relaciones y mejorar nuestra salud física y emocional. Al adoptar una actitud de gratitud, vivimos de manera más plena y auténtica, apreciando cada día como el regalo que realmente es.

¿Qué aspectos de tu vida te hacen sentir más agradecido?

¿Cómo la gratitud ha influido en tu forma de relacionarte con los demás y contigo mismo?

¿Qué acciones concretas puedes tomar para cultivar la gratitud en tu vida diaria?

Reflexión Final:

La vida es un don precioso de Dios, y vivir con acción de gracia es una expresión de reconocimiento y gratitud por este regalo. Este principio está profundamente arraigado en las Escrituras y se manifiesta en varias enseñanzas bíblicas que nos exhortan a dar gracias en todo momento y a valorar la vida que hemos recibido.

"Dad gracias por todo, porque esta es la voluntad de Dios para con vosotros en Cristo Jesús." 1 Tesalonicenses 5:18 (RV 2000).

Este versículo nos recuerda que la gratitud debe ser una constante en nuestras vidas. No se trata solo de dar gracias en momentos felices, sino en todo momento, reconociendo que todo lo que tenemos, incluyendo la vida misma, es un don de Dios.

"Entrad por sus puertas con acción de gracias, por sus atrios con alabanza. Dadle gracias, alabad su nombre." Salmo 100:4 (RV2000)

Aquí se nos invita a acercarnos a Dios con una actitud de agradecimiento, lo cual refleja un corazón que reconoce y aprecia el don de la vida y todas las bendiciones que la acompañan.

"Y todo lo que hagáis, sea de palabra o de hecho, hacedlo en el nombre del Señor Jesús, dando gracias a Dios el Padre por él." Colosenses 3:17 (RV2000)

Este pasaje nos enseña que nuestras acciones diarias deben estar impregnadas de gratitud hacia Dios. Vivir con acción de gracia implica reconocer su presencia y su mano en todos los aspectos de nuestra vida.

"Porque tú formaste mis entrañas, me cubriste desde antes de nacer. Te alabo, porque de modo formidable y maravillo fui hecho. Maravillosas, son tus obras." Salmo 139:13-14 (RV2000)

Estos versículos nos recuerdan que cada vida es creada por Dios de manera única y maravillosa. La gratitud por el don de la vida incluye el reconocimiento de la obra de Dios en nuestra creación y existencia.

"Siempre dad gracias por todo al Dios y Padre, en el nombre de nuestro Señor Jesucristo." Efesios 5:20 (RV2000)

La exhortación a dar gracias "por todo" refuerza la idea de que la gratitud debe ser una actitud constante, independientemente de las circunstancias. Esto incluye el agradecimiento por el simple hecho de estar vivos y por las oportunidades que cada día nos presenta.

Vivir con acción de gracia por el don de la vida es una manifestación de nuestra fe y de nuestro reconocimiento de la bondad y misericordia de Dios. Al adoptar una actitud de gratitud constante, no solo honramos a Dios, sino que también cultivamos una perspectiva más positiva y enriquecedora sobre la vida. Este principio nos ayuda a apreciar cada momento y a vivir de manera más plena y significativa, siempre conscientes del inmenso valor del don de la vida que Dios nos ha otorgado.

Recapitulación:

En medio del vasto conglomerado de pensamientos contemporáneos y modernos, han surgido y seguirán surgiendo diversas perspectivas sobre los fundamentos que guían una vida con propósito. Sin embargo, en esta sección he compartido aquellos principios que, desde mi experiencia personal, considero esenciales.

Sin lugar a dudas, una gran mayoría de personas, incluyéndome, cree firmemente que la motivación es el motor que nos impulsa y nos guía en la búsqueda de algo más, ya sea para mejorar nuestra situación actual, alcanzar nuevas experiencias, o lograr un objetivo que anhelamos. La motivación, en su mejor expresión, no solo nos da el empuje necesario, sino que también nos infunde el deseo de avanzar hacia un nuevo logro, mejorando nuestra vida en distintos aspectos: escalando socialmente, buscando un mejor estatus de vida, desarrollando una vocación, o simplemente realizando aquello que nos brinda satisfacción personal.

Sin embargo, para alcanzar cualquier meta, no basta solo con motivación. Es imprescindible contar con una herramienta infalible: la disciplina. La disciplina es lo que nos asegura que, pase lo que pase, seguiremos adelante. Es la fuerza que nos permite superar el desánimo, avanzar con determinación, y aprender a vivir sabiamente. *"El que venza, heredará todas estas cosas, y yo seré su Dios, y él será mi hijo."* (Apocalipsis 21:7, RV 2000). Refiriéndose a la tierra nueva.

Solo con disciplina podemos construir un bienestar integral, disfrutar del presente y prepararnos para el futuro.

Edificar con nuestras palabras y acciones, y saber cuándo es mejor guardar silencio, es parte de este proceso. Mantén un diálogo interno positivo y constructivo, evitando las palabras negativas. *"La muerte y la vida están en poder de la lengua, el que la ama comerá de sus frutos."* Proverbios 18:21, (RV 2000).

Desarrolla la capacidad de adaptarte a las circunstancias, aprovecha y administra eficientemente tu tiempo, y levántate temprano para sacar el máximo provecho de cada día. El tiempo es un tesoro invaluable en una vida con propósito. *"Aprovechad bien el tiempo, porque los días son malos."* Efesios 5:16, (RV 2000).

Utiliza métodos y recursos que ya has comprobado que funcionan para ti, y evita cargar con pesos innecesarios que solo te desanimarán. Concéntrate en tus mayores competencias, toma decisiones sabias para evitar errores costosos, y busca siempre ser mejor, como un atleta que identifica sus debilidades y se esfuerza por superarlas.

Recuerda que tu valor radica en lo que eres, en tu esencia y autenticidad, no en lo que posees o podrías llegar a poseer. No dejes que lo material te defina. Jesús nos advirtió: *" Y les dijo: ¡cuidado! Guardaos de toda avaricia, porque la vida del hombre no consiste en la abundancia de los bienes que posee."* (Lucas 12:15, RV 2000).

Sé humilde y auténtico, porque en la autenticidad y la humildad siempre hay victoria, incluso si no se ve de inmediato. Comprométete con tus metas, cierra puertas y ventanas para no claudicar ni escapar ante las dificultades, y da gracias por lo que ya tienes: el don de la vida y la vida que te ha tocado vivir. Es lo mejor que tienes, y es digno de agradecimiento. *"Dad gracias por todo, porque esta es la voluntad de Dios para vosotros en Cristo Jesús."* 1 Tesalonicenses 5:18, (RV 2000).

Sabiduría
Atemporal
Sección 2
Felicito Góndola JR

SABIDURÍA ATEMPORAL

Sección 2: Cultivando una Mentalidad Positiva.

"Muchas personas no logran alcanzar ciertas cosas en la vida porque tienen miedo; están paralizadas por el temor o el desconcierto".

Ese Momento en el Tiempo que Vives es Todo; Vive en Él

La vida es una serie de instantes que, unidos, forman nuestra existencia. Sin embargo, en medio del ajetreo diario, es fácil perder de vista la importancia de cada momento presente. *Ese momento en el tiempo que vives es todo; vive en él* es una invitación a detenernos, a respirar profundamente y a sumergirnos plenamente en el ahora.

Cada instante que vivimos es irrepetible y único. Cuando comprendemos que el presente es el único tiempo que realmente poseemos, comenzamos a valorarlo de una manera más profunda. Es en este momento, y no en el pasado o en el futuro, donde se encuentra nuestra vida real. El pasado ya se ha ido, y el futuro aún no ha llegado, pero el presente nos ofrece la oportunidad de experimentar la vida en toda su plenitud.

Vivir en el momento presente significa estar completamente conscientes de lo que estamos haciendo, sintiendo y experimentando. Es prestar atención a los detalles que a menudo pasan desapercibidos: el calor del sol en nuestra piel, la melodía de una risa cercana, o el simple acto de respirar. Estos pequeños detalles, cuando son vividos con plena conciencia, nos conectan con la esencia misma de la vida.

Este enfoque no solo nos permite disfrutar más de cada día, sino que también nos ayuda a reducir el estrés y la ansiedad que a menudo provienen de preocuparnos por el pasado o el futuro. Al vivir en el presente, encontramos una paz interior que nos permite enfrentar los desafíos con una mente clara y un corazón sereno.

En un mundo que nos empuja constantemente a correr hacia el próximo logro o meta, *vivir en el momento* es un acto de resistencia y sabiduría. Es un recordatorio de que la vida no es un destino al que llegamos, sino una serie de momentos preciosos que debemos atesorar y vivir plenamente.

Cuando adoptamos esta mentalidad, transformamos cada instante en una oportunidad para vivir con propósito y alegría. En lugar de esperar que algo extraordinario suceda, reconocemos que cada momento tiene su propia belleza y significado. *Ese momento en el tiempo que vives es todo; vivir en él* se convierte así en una filosofía de vida que nos invita a abrazar cada día con gratitud y presencia.

Gózate en lo cotidiano:

Cada día, si Dios nos concede el regalo de la vida, se nos presenta una oportunidad para avanzar en la dirección correcta. Es en lo cotidiano donde se construyen los grandes logros, paso a paso, detalle tras detalle, añadiendo peldaños a la escalera que nos llevará hasta donde deseamos llegar.

A medida que surgen nuevas tareas y desafíos, la rutina diaria exigirá nuestra atención y dedicación. Sin embargo, en lugar de ver estas demandas como una carga, debemos aprender a gozarnos en ellas. Al hacerlo, evitaremos que se conviertan en una fuente de fastidio, aburrimiento o desánimo. Disfruta de cada etapa del camino; no esperes a alcanzar el destino final para saborear la felicidad. En cambio, aprende a disfrutar de cada pequeño avance, de cada logro diario, y deja que la satisfacción te impulse a seguir adelante.

Levántate cada mañana con la alegría de saber que tienes algo valioso por hacer hoy. Encuentra gozo en cada tarea, por pequeña que sea, y al final del día, retírate con la satisfacción de haber dado lo mejor de ti. Reposa con la esperanza de un nuevo amanecer, sabiendo que mañana te espera otra oportunidad para vivir la misma experiencia.

El quehacer del hoy y el ahora trae consigo el disfrute del momento presente, pero también siembra las semillas de un futuro fructífero. Ese momento en el tiempo que vives es único; es tu mayor tesoro. Si no te permites gozar de él, estarás dejando de disfrutar la esencia misma de la vida, que se construye y se vive de a poco.

Además, si queremos formar buenos hábitos para vivir mejor y alcanzar nuevas alturas, es esencial encontrar alegría en el proceso. Al cultivar una mentalidad positiva, transformamos lo cotidiano en una fuente constante de satisfacción y crecimiento

La verdadera felicidad no siempre se encuentra en los grandes eventos o logros, sino en los pequeños y aparentemente insignificantes momentos que componen nuestras vidas. Gózate *en lo cotidiano* es una invitación a descubrir la belleza oculta en las rutinas diarias, a encontrar satisfacción en las actividades que, aunque repetitivas, son fundamentales para nuestro bienestar y desarrollo.

En lugar de esperar que algo extraordinario ocurra para sentirnos felices, debemos aprender a disfrutar del proceso de la vida misma. Desde el aroma del café por la mañana hasta la sonrisa de un ser querido, cada día está lleno de oportunidades para experimentar gratitud y alegría. Al adoptar esta mentalidad, transformamos lo ordinario en algo extraordinario, y cada día se convierte en una nueva oportunidad para celebrar la vida.

Esta mentalidad también nos enseña a valorar el presente, a vivir plenamente en el ahora, sin estar constantemente preocupados por lo que vendrá o lamentándonos por lo que ya pasó. Al enfocarnos en lo cotidiano, nos conectamos más profundamente con la realidad de nuestras vidas, apreciando cada pequeño detalle que, en conjunto, da forma a nuestra existencia.

En la práctica, *gozarse en lo cotidiano* significa abrir los ojos y el corazón a la bondad y la gracia que Dios nos brinda diariamente. Es reconocer que incluso en los días más comunes, hay momentos de alegría que, si no los buscamos, pueden pasar desapercibidos. Es un llamado a vivir con una conciencia plena y una actitud de gratitud, encontrando en cada día un motivo para sonreír y dar gracias.

Reflexión Final:

La Biblia nos invita repetidamente a valorar y vivir el momento presente con una actitud de gozo y agradecimiento. El libro de Eclesiastés nos ofrece una profunda reflexión sobre la vida y la importancia de disfrutar cada día. En Eclesiastés 3:1, leemos:

"Todo lo que se quiere debajo del cielo tiene su tiempo, todo tiene su tiempo, todo tiene su hora." Eclesiastés 3:1(RV 2000)

Este pasaje nos recuerda que cada momento en nuestra vida tiene un propósito y un valor únicos, y que debemos aprender a vivir plenamente en él.

Jesús también nos enseña sobre la importancia de vivir el presente sin preocuparnos excesivamente por el futuro. En Mateo 6:34, nos aconseja:

"Así, no os preocupéis por el día de mañana, que el día de mañana traerá su cuidado. Basta al día su afán." *Mateo 6:34* (RV2000).

Aquí, se nos invita a concentrarnos en el día de hoy, a vivirlo con plenitud y a encontrar alegría en lo que nos toca hacer ahora, sin ser abrumados por lo que aún no ha llegado.

El Salmo 118:24 nos anima a regocijarnos en cada día que Dios nos concede:

"Este es el día que hizo Jehová; nos gozaremos y alegraremos en él." Salmo 118:24 (RV2000)

Este versículo encapsula perfectamente el llamado a gozarnos en lo cotidiano. Nos recuerda que cada día es un regalo de Dios, y que debemos recibirlo con gratitud y alegría, aprovechando cada oportunidad para vivir plenamente.

Además, en Filipenses 4:4, Pablo nos exhorta:

"¡Regocijaos en el Señor siempre! Repito: ¡Regocijaos!" Filipenses 4:4(RV2000)

Esta exhortación a mantener una actitud de alegría constante, incluso en medio de las dificultades, refuerza la idea de que el gozo no depende de las circunstancias externas, sino de una decisión interna de vivir con gratitud y esperanza.

Finalmente, Santiago 1:17 nos recuerda que

“toda buena dádiva y todo don perfecto es de lo alto, y desciende del Padre de las luces, en quien no hay mudanza, ni sombra de variación.” Santiago 1:17 (RV2000)

Al reconocer que todo lo bueno en nuestra vida proviene de Dios, somos impulsados a disfrutar de cada momento con agradecimiento, sabiendo que cada día está lleno de bendiciones divinas.

El poder de los pensamientos y creencias. Actuar con convicción

Volviendo a mi experiencia en el Instituto Militar, recuerdo cómo cada lunes, durante la formación en el patio de armas, se realizaban los actos cívicos que marcaban el inicio de la semana. En estas ceremonias, se impartían instrucciones y procedimientos, y era habitual que el oficial al mando preguntara si algún estudiante deseaba retirarse del instituto. Aquellos que querían darse de baja debían dar un paso al frente. Las exigencias y la disciplina militar hacían que muchos se sintieran tentados a desistir.

Cada vez que oía el sonido de las botas desplazándose sobre el suelo pedregoso, me decía mentalmente: "Resiste un lunes más, solo un lunes más. Sé que puedo, solo te pido un lunes más". Esta afirmación mental me dio la fortaleza y el poder para resistir. Así, fui superando cada lunes subsiguiente, enfrentando y venciendo las dificultades y exigencias hasta que llegó ese último lunes en el que pude decir que lo había logrado.

Existen muchos factores que influyen en la manera en que se forjan nuestros pensamientos. Entre estos, podemos incluir el entorno, las costumbres, las experiencias vividas, nuestros conocimientos y nuestro nivel de educación, entre otros. Sin embargo, no es el objetivo principal de esta sección hacer un análisis profundo y científico del pensamiento como tal. Dicho esto, querido lector, es innegable que el poder del pensamiento es determinante para avanzar y cultivar una mentalidad positiva.

Es indudable, por esta y otras experiencias personales, que el pensamiento positivo bien dirigido tiene el poder de impulsarnos a actuar a favor de nuestros objetivos y en la dirección correcta. ¿Cómo entender entonces lo que queremos resaltar cuando hablamos del poder del pensamiento? Pues bien, entre otras cosas, si estamos pensando en contra de nuestros ideales o metas propuestas, seguro que no avanzaremos, y esos pensamientos se convertirán en un obstáculo más entre nosotros y nuestros objetivos. Por lo tanto, debemos cultivar una mentalidad que siempre nos lleve con viento a favor.

Si usted desea lograr una vida mejor, lo primero es pensar que puede lograrlo. Ese es el pensamiento positivo: estar seguro con toda certeza de que lo va a lograr, independientemente de las adversidades que se presenten. Su mente debe estar siempre enfocada en el logro, no en la derrota o el fracaso. Y en caso de que fracase, lo cual es posible, una mente fortalecida y resiliente se repondrá y avanzará.

A manera de ilustración, recuerdo el relato de una persona que asistía a una entrevista de trabajo para un puesto al que se había postulado. Mientras se dirigía a la oficina donde sería entrevistado, empezó a pensar: "¿Y si no tengo el nivel de inglés que exigen? ¿O si no tengo la suficiente experiencia que piden?" Pensó tanto de forma negativa que se devolvió y no se presentó a la entrevista. Este es un ejemplo de un pensamiento derrotista que ni siquiera le permitió intentarlo.

Precisamente de eso no se trata. Se trata de que nuestros pensamientos no nos traicionen, sino que actúen a nuestro favor. Necesitamos una mentalidad y un pensamiento positivo que se conviertan en el poder y la energía que necesitamos para superar las adversidades y contrariedades que podamos enfrentar en el camino hacia una vida mejor.

Nuestros pensamientos y creencias tienen un poder transformador sobre nuestra vida. Lo que pensamos y creemos influye directamente en nuestras acciones, en la manera en que percibimos el mundo, y en cómo enfrentamos los desafíos diarios. Cultivar una mentalidad positiva comienza con reconocer este poder inherente y utilizarlo a nuestro favor.

Cuando actuamos con convicción, alineamos nuestros pensamientos y creencias con nuestras acciones. Esta coherencia interior genera una fuerza imparable que nos impulsa a superar obstáculos y alcanzar nuestras metas. Creer en nosotros mismos, en nuestras capacidades y en un propósito superior nos permite actuar con una certeza que trasciende las dudas y temores.

Las creencias que abrazamos no solo moldean nuestra realidad, sino que también nos ofrecen una base sólida desde la cual podemos construir una vida plena y significativa. Creer que podemos lograr algo, y actuar en consecuencia, es el primer paso para hacer realidad nuestras aspiraciones. En este sentido, cultivar pensamientos positivos y mantener una fe inquebrantable en lo que podemos lograr son fundamentales para vivir con propósito y determinación.

Actuar con convicción no se trata simplemente de tener confianza en el momento presente, sino de mantener esa seguridad a lo largo del tiempo, incluso cuando los resultados no son inmediatos. Es la perseverancia que proviene de una creencia profunda en que nuestras acciones, guiadas por pensamientos positivos, eventualmente producirán frutos. Es comprender que, aunque las circunstancias externas puedan ser adversas, nuestra actitud interna tiene el poder de transformar nuestra realidad.

Así, el poder de los pensamientos y creencias, cuando se acompaña de una acción decidida, nos permite no solo soñar, sino también concretar esos sueños en acciones que impacten positivamente nuestras vidas y las de quienes nos rodean. Actuar con convicción es, en esencia, vivir con una determinación firme, confiando en que cada paso dado, guiado por pensamientos elevados y creencias fuertes, nos acerca más a la vida que deseamos y merecemos.

Reflexión final

La Biblia nos enseña que nuestros pensamientos y creencias tienen un impacto profundo en nuestra vida. Proverbios 23:7 dice:

“Porque tal como piensa en su corazón así es él. Te dirá: Come y bebe pero su corazón no estará contigo” Proverbios 23:7 (RV 2000)

Este versículo subraya que lo que pensamos y creemos define quiénes somos y cómo actuamos. Cuando nuestros pensamientos están alineados con la voluntad de Dios y nuestras creencias son firmes en Su verdad, podemos actuar con convicción y seguridad.

El apóstol Pablo nos exhorta en Filipenses 4:8:

"Por lo demás, hermanos, todo lo que es verdadero, todo lo honorable, todo lo justo, todo lo puro, todo lo amable, todo lo que es de buen nombre; si hay virtud alguna, si algo digno de alabanza, en esto pensad." Filipenses 4:8 (RV 2000)

Aquí se nos insta a enfocarnos en pensamientos positivos y edificantes, aquellos que reflejan el carácter de Cristo. Al hacerlo, cultivamos una mentalidad positiva que nos impulsa a actuar con confianza en nuestras convicciones.

Además, en Santiago 1:6 se nos recuerda la importancia de no dudar cuando actuamos:

"Pero pida con fe, sin dudar; porque el que duda es semejante a la ola del mar, que es movida por el viento y echada de una lado al otro." Santiago 1:6 (RV 2000)

Este versículo nos llama a tener una fe firme, sin vacilaciones, sabiendo que cuando nuestros pensamientos y creencias están arraigados en la fe en Dios, nuestras acciones serán constantes y decididas.

Isaías 26:3 nos ofrece una promesa poderosa:

"Tú guardas en completa paz a al que persevera; pensando en ti, porque en ti confía." Isaías 26:3 (RV 2000)

Este texto nos asegura que cuando confiamos plenamente en Dios y mantenemos nuestros pensamientos fijos en Él, podemos vivir con una paz que sobrepasa cualquier circunstancia, actuando con convicción en cada paso que damos.

La Biblia nos guía a cultivar una mentalidad positiva, basada en pensamientos y creencias que están en sintonía con la verdad de Dios.

Actuar con convicción es el resultado natural de una mente y un corazón firmemente establecidos en la fe y el conocimiento de que Dios está con nosotros en cada paso del camino.

Combatiendo la negatividad y el pesimismo.

Ante el planteamiento anterior en torno al poder de los pensamientos, es precisamente este poder el que nos servirá como un arma poderosa para combatir la negatividad y el pesimismo que pueden atacarnos en cualquier momento, especialmente cuando estamos por emprender un nuevo proyecto de vida o en medio de su desarrollo. A menudo, surgen acontecimientos que se convierten en piedras de tropiezo para el avance hacia los objetivos que nos hemos planteado, con la intención de construir una vida mejor, basada en propósitos altruistas que enriquezcan nuestra existencia.

En esos momentos en que las circunstancias adversas parecen repetirse, el desánimo puede invadirnos, manifestándose en nuestra conducta y frenando nuestro avance. Es entonces cuando la negatividad y el pesimismo se convierten en enemigos silenciosos, que deben ser combatidos con todas las armas a nuestro alcance. Si no los derrotamos a tiempo, el daño que nos causen puede ser irreparable. Y cuando digo irreparable, lo hago con toda seriedad, porque estos enemigos pueden no solo significar el fin de un plan específico, sino que pueden herir gravemente, e incluso destruir, el plan de vida que con tanto esfuerzo hemos construido.

La negatividad y el pesimismo nos hacen ver todo como insuperablemente difícil, como si no hubiera posibilidades de éxito. Nos llevan a percibir un desierto en medio de la multitud, a ver castillos de arena derrumbarse ante nosotros con la simple caída de una pequeña gota de agua. Este pesimismo, en su máxima expresión, nos hace creer que no podemos, que no somos lo suficientemente capaces, y nos hace sentir derrotados antes de siquiera intentarlo.

El mensaje es claro: debemos armarnos con una mentalidad positiva a prueba de todo, eliminando cualquier actitud negativa o pesimista antes de que pueda atravesar nuestras líneas de defensa. Sólo así podremos mantenernos firmes en nuestro camino hacia una vida plena y significativa, superando cada obstáculo con la confianza de que somos capaces de lograr todo lo que nos propongamos.

En nuestro caminar por la vida, todos enfrentamos momentos en los que la negatividad y el pesimismo intentan apoderarse de nuestros pensamientos. Estas fuerzas, aunque comunes, tienen el potencial de desviar nuestro enfoque, minar nuestra energía y alejarnos de nuestras metas más preciadas. Sin embargo, es fundamental recordar que el poder de combatir estos sentimientos reside en nuestra propia mente y en la actitud con la que decidimos enfrentar las adversidades.

La negatividad puede surgir de diversas fuentes: las experiencias pasadas, las influencias externas, o incluso nuestras propias inseguridades. Pero, independientemente de su origen, lo importante es no permitir que se convierta en el lente a través del cual vemos nuestra realidad. La vida es un reflejo de lo que proyectamos hacia ella; si constantemente permitimos que el pesimismo nuble nuestra visión, nos estaremos privando de las oportunidades que están a nuestro alcance.

Para combatir la negatividad, debemos estar conscientes de nuestros pensamientos y ser intencionales en redirigirlos hacia lo positivo. Este proceso no se trata de ignorar los problemas o de ser ingenuamente optimistas, sino de reconocer que cada situación tiene múltiples perspectivas, y elegir ver aquella que nos permita crecer, aprender y avanzar. Es un acto de resistencia mental, donde cada pensamiento negativo es confrontado y reencuadrado en un contexto más amplio, lleno de posibilidades.

La clave está en cultivar una mentalidad que busque lo bueno en cada circunstancia, que se enfoque en las soluciones en lugar de los problemas, y que vea en cada desafío una oportunidad para mejorar. Esto requiere práctica y disciplina, pero los resultados son invaluables. Al mantenernos firmes en una actitud positiva, desactivamos el poder de la negatividad y fortalecemos nuestra capacidad de perseverar.

El pesimismo, por su parte, es el hermano de la negatividad, y suele presentarse cuando perdemos de vista nuestra capacidad para influir en el resultado de nuestras acciones. Sin embargo, debemos recordar que el pesimismo es, en su esencia, una percepción distorsionada de la realidad. No es un reflejo fiel de nuestras circunstancias, sino una interpretación limitada de ellas. Al adoptar una mentalidad proactiva y esperanzada, podemos cambiar esa narrativa y recuperar el control sobre nuestras vidas.

En última instancia, combatir la negatividad y el pesimismo es una decisión diaria, un compromiso con uno mismo de ver más allá de las sombras y enfocarse en la luz. Es elegir la esperanza sobre la desesperación, la acción sobre la inercia, y la fe en el futuro sobre las dudas que nos aquejan en el presente. Y al hacerlo, nos encaminamos hacia una vida plena, donde la positividad no solo es una elección, sino un hábito que define nuestra existencia.

Reflexión final:

La Palabra de Dios nos ofrece claras instrucciones sobre cómo combatir la negatividad y el pesimismo, llamándonos a confiar en Su poder y a renovar nuestras mentes con pensamientos positivos y edificantes. En Filipenses 4:8, se nos insta:

"Por lo demás, hermanos, todo lo que es verdadero, todo lo honorable, todo lo justo, todo lo puro, todo lo amable, todo lo que es de buen nombre; si hay virtud alguna, si algo digno de alabanza, en esto pensad." Filipenses 4:8 (RV 2000)

Este versículo nos guía a enfocar nuestras mentes en lo que es positivo y edificante, desechando cualquier pensamiento que pueda llevarnos al desánimo.

Además, en 2 Corintios 10:4-5, Pablo nos recuerda que

"las armas de nuestra milicia no son mundanas, sino poderosas en Dios para la destruir fortalezas, para derribar argumentos y toda altivez que se levanta contra el conocimiento de Dios, y cultivar todo pensamiento en obediencia a Cristo." 2 Corintios 10:4-5 (RV 2000)

Esto subraya la importancia de someter nuestros pensamientos a Cristo, rechazando aquellos que nos conducen al pesimismo y la negatividad.

Por último, Isaías 41:10 nos ofrece una promesa de fortaleza y esperanza en medio de cualquier adversidad:

"No temas, porque yo estoy contigo. No desmayes, que Yo Soy tu Dios que te fortalezco. Siempre te ayudaré, siempre te sustentaré con la diestra de mi justicia." Isaías 41:10 (RV 2000)

Este versículo nos recuerda que, incluso en los momentos más difíciles, no estamos solos. Dios está con nosotros, fortaleciéndonos y guiándonos, y con Su ayuda, podemos superar cualquier pensamiento negativo o pesimista que intente desviar nuestro camino.

Al cultivar una mentalidad positiva y al rechazar la negatividad y el pesimismo, estamos obedeciendo el llamado de Dios a renovar nuestras mentes y confiar en Su poder para llevarnos a la victoria en todos los aspectos de nuestra vida.

Desarrollando una actitud de gratitud.

Si bien es cierto que el tema del agradecimiento fue desarrollado en la sección anterior, en "Fundamentos para una Vida con Propósito", en esta sección, cuyo objetivo principal es coadyuvar en la creación y formación de una mentalidad positiva, es fundamental resaltar que una actitud de gratitud es esencial para dicho propósito. El ser agradecido y el acto de agradecer se convierten en un punto de partida indispensable para aspirar y alcanzar nuestros más elevados sueños.

La gratitud pone de manifiesto la humildad que enriquece el actuar del ser humano. Reconocer con humildad que somos afortunados por las oportunidades que la vida nos ofrece, y por todo lo que nos rodea y se alinea para nuestro beneficio, es un ejercicio que potencia nuestra mentalidad positiva. No se trata de vanagloriarse ni de golpear el pecho, sino de reconocer que poseemos lo necesario para avanzar en nuestros planes.

Este espíritu de agradecimiento actúa como un catalizador que hace que las circunstancias conspiren a nuestro favor. Una vez que se pone en práctica esta actitud, la mente se potencializa, el positivismo nos invade, y comenzamos a creer que sí podemos lograr nuestros objetivos, simplemente por el hecho de reconocer y agradecer lo que ya tenemos.

La gratitud también fomenta relaciones más sanas y profundas. Cuando expresamos agradecimiento a los demás, fortalecemos los lazos que nos unen, creando un ambiente de confianza y apoyo mutuo. Es un acto de reconocimiento y aprecio que eleva tanto al que da como al que recibe.

Cuando expresamos un genuino agradecimiento hacia las personas que nos rodean, estas comienzan a formar parte de nuestro equipo triunfador. Como resultado, experimentamos la agradable sensación de no estar solos, lo que enriquece nuestra mente creativa y hace que el positivismo se integre de manera íntima en nuestro actuar diario.

Ser agradecido es más que un simple acto de cortesía; es un acto profundo de reconocimiento. Reconocemos que queremos alcanzar grandes metas, pero también comprendemos que dependemos de un todo, un conjunto de factores y personas que, en su conjunto, nos brindan lo necesario para lograrlo. Esta conciencia nos permite afirmar con convicción: *sí se puede*

La gratitud es un poder transformador que tiene la capacidad de cambiar no solo nuestra perspectiva, sino también nuestra realidad. Desarrollar una actitud de gratitud implica reconocer y apreciar las bendiciones, grandes y pequeñas, que se manifiestan en nuestras vidas. Es un ejercicio diario de consciencia, donde enfocamos nuestra mente y corazón en lo positivo, incluso en medio de las adversidades.

Cuando cultivamos la gratitud, aprendemos a valorar lo que tenemos en lugar de lamentarnos por lo que nos falta. Esta actitud nos llena de paz y satisfacción, ya que nos hace conscientes de la abundancia que ya poseemos. La gratitud nos conecta con la esencia de lo que realmente importa, alejándonos de la negatividad y el descontento que pueden nublar nuestro juicio y limitar nuestro crecimiento.

Desarrollar una actitud de gratitud no significa ignorar los desafíos o dificultades que enfrentamos, sino reconocer que, aun en medio de ellos, hay razones para dar gracias. Es entender que cada experiencia, ya sea positiva o negativa, aporta algo valioso a nuestra vida. La gratitud nos enseña a ver las pruebas como oportunidades para crecer y aprender, y a recibir las bendiciones con humildad y alegría.

Además, la gratitud tiene un efecto multiplicador en nuestra vida. Al enfocarnos en lo que agradecemos, atraemos más cosas por las que sentirnos agradecidos. Esto no es solo un principio espiritual, sino también una realidad psicológica; al entrenar nuestra mente para buscar lo positivo, nuestra percepción del mundo cambia, y con ella, nuestra realidad.

Desarrollar una actitud de gratitud es un paso fundamental en el camino hacia una mentalidad positiva. Nos permite vivir con una perspectiva renovada, donde el enfoque está en las bendiciones y las oportunidades, en lugar de en las carencias y las dificultades. Es una práctica que, con el tiempo, transforma nuestro ser interior, llenándonos de paz, alegría y una profunda satisfacción con la vida.

Reflexión final:

La gratitud es un principio fundamental que no solo nos enriquece espiritualmente, sino que también transforma nuestra perspectiva de la vida. La Biblia nos enseña que el acto de agradecer no solo es una manifestación de humildad, sino también un acto de fe y confianza en la providencia divina.

El apóstol Pablo nos exhorta a vivir en gratitud en todo momento:

"Dad gracias por todo, porque esta es la voluntad de Dios para vosotros en Cristo Jesús" 1 Tesalonicenses 5:18, (RV2000).

Este versículo nos recuerda que, independientemente de las circunstancias, siempre hay razones para ser agradecidos. La gratitud nos conecta con la voluntad de Dios y nos permite reconocer su mano en nuestras vidas, incluso en los momentos difíciles.

Además, el Salmo 100:4 nos invita a entrar en la presencia de Dios con una actitud de agradecimiento:

"Entrad por sus puertas con acción de gracias, por sus atrios con alabanza. alabad, su nombre" Salmo 100:4, (RV2000).

Este pasaje subraya que la gratitud es la puerta de entrada a una vida de alabanza y comunión con Dios, lo cual refuerza nuestra mentalidad positiva y nos llena de paz y gozo.

Por otro lado, Colosenses 3:15 nos dice:

"Y la paz de Dios gobierne en vuestro corazón, a la que fuisteis también llamados en un solo cuerpo. Y sed agradecidos." Colosenses 3:15, (RV2000).

Este versículo vincula la gratitud con la paz que Dios nos da, sugiriendo que una actitud agradecida nos permite experimentar la serenidad y el equilibrio emocional necesario para cultivar una mentalidad positiva.

Desarrollar una actitud de gratitud no solo mejora nuestra vida cotidiana, sino que también nos acerca más a Dios y nos permite vivir conforme a Su voluntad. La gratitud es una herramienta poderosa que Dios nos ha dado para mantenernos enfocados en lo positivo, fortaleciendo nuestra fe y permitiéndonos enfrentar las adversidades con un espíritu renovado.

Enfocándose en lo positivo y las posibilidades.

La creación de una mentalidad positiva está estrechamente vinculada con la capacidad de vivir y actuar enfocados en lo positivo y en las posibilidades que se presentan. Es esencial comprender que, para cultivar esta mentalidad, debemos dirigir nuestra atención y energía hacia lo que nos fortalece y nos impulsa a avanzar.

Cuando hablamos de posibilidades, nos referimos a aquellas que se alinean a nuestro favor, aquellas oportunidades que se abren cuando adoptamos la actitud correcta. Hay un pensamiento muy popular atribuido al Dr. Reinhold Niebuhr que dice: "Dios, concédeme la serenidad para aceptar las cosas que no puedo cambiar; valor para cambiar las que puedo; y sabiduría para reconocer la diferencia". Este principio es crucial para mantener una mentalidad positiva, ya que nos recuerda la importancia de enfocar nuestros esfuerzos en lo que podemos influir, en lugar de desperdiciar energía en lo inmutable.

En la vida, te encontrarás con situaciones que no podrás cambiar, circunstancias que simplemente son como son. En lugar de perder tiempo lamentándote o resistiéndote, es vital ajustar tu enfoque, adaptarte a la realidad y descubrir el lado positivo de cada situación. Con esta mentalidad, podrás identificar oportunidades ocultas, verás posibilidades donde otros solo ven obstáculos, y aprovecharás al máximo cada desafío que se presente.

Con un enfoque positivo y la sabiduría para discernir, podrás identificar aquellas áreas donde tus esfuerzos pueden marcar la diferencia. Haciendo un inventario de tus recursos y habilidades, descubrirás que ya posees el potencial necesario para triunfar. Ama y cree en lo que tienes, y no sentirás la falta de lo que no posees. Este reconocimiento te permitirá avanzar con confianza, sabiendo que estás equipado para enfrentar cualquier situación.

Ármate con todas las herramientas que hemos explorado hasta ahora en este libro. Con ellas, estarás preparado para enfocar tu mente en lo positivo, descubrirás posibilidades en cada proyecto que emprendas, y te convertirás en un ejemplo de lo que significa vivir con una mentalidad verdaderamente positiva.

En un mundo donde las dificultades y los desafíos son inevitables, elegir enfocarse en lo positivo no es un acto de negación de la realidad, sino un ejercicio consciente de dirigir nuestra atención hacia lo que nos fortalece, nos inspira y nos impulsa a seguir adelante. Es comprender que en medio de las circunstancias más adversas, siempre hay un rayo de luz, una oportunidad oculta, una posibilidad esperando ser descubierta.

Cuando nos centramos en lo positivo, comenzamos a ver cada obstáculo no como un fin, sino como una puerta hacia nuevas oportunidades. Adoptar esta mentalidad transforma nuestra percepción de los desafíos;

lo que antes parecía un callejón sin salida, ahora se convierte en un camino hacia el crecimiento y la superación personal. Este enfoque nos permite apreciar las pequeñas victorias diarias, los avances graduales que, aunque a veces pasen desapercibidos, suman en la construcción de un futuro mejor.

Enfocarse en lo positivo también implica reconocer el poder de nuestras elecciones. Cada día, cada momento, nos enfrentamos a la decisión de cómo responder a lo que la vida nos presenta. Al elegir ver las posibilidades en lugar de las limitaciones, al decidir enfocarnos en las soluciones en lugar de los problemas, entrenamos nuestra mente para detectar y aprovechar las oportunidades que otros podrían pasar por alto. Este hábito mental se convierte en una fuente inagotable de motivación y esperanza.

Además, cuando cultivamos un enfoque positivo, no solo nos beneficiamos a nosotros mismos, sino que también irradiamos esa energía a los que nos rodean. Nuestra actitud se convierte en un faro que guía e inspira a otros, creando un efecto dominó de optimismo y acción positiva. Así, enfocarse en lo positivo y las posibilidades no solo transforma nuestras propias vidas, sino que también contribuye a crear un entorno más alentador y constructivo para todos.

En última instancia, esta perspectiva nos invita a vivir con una fe renovada en el potencial que cada día nos ofrece, sabiendo que, independientemente de las circunstancias, siempre hay una posibilidad más, una opción más, un camino que aún no hemos explorado. Es esta actitud de esperanza activa y optimismo realista la que nos permite no solo soñar con un futuro mejor, sino también trabajar con determinación para hacerlo realidad.

Reflexión final:

En el proceso de cultivar una mentalidad positiva, enfocarse en lo positivo y en las posibilidades es fundamental para mantener una perspectiva de esperanza y optimismo. La Biblia nos enseña que, al poner nuestra confianza en Dios, podemos ver más allá de las circunstancias presentes y reconocer las oportunidades que Él nos presenta.

Filipenses 4:8 nos instruye:

"Por lo demás, hermanos, todo lo que es verdadero, todo lo honorable, todo lo justo, todo lo puro, todo lo amable, todo lo que es de buen nombre; si hay virtud alguna, si algo digno de alabanza, en esto pensad." Filipenses 4:8 (RV 2000)

Este versículo nos llama a centrar nuestros pensamientos en lo positivo, en lo que edifica y fortalece nuestra fe y nuestra mente. Al hacer esto, no solo cultivamos una mentalidad positiva, sino que también abrimos nuestros ojos a las posibilidades que Dios ha dispuesto para nosotros.

En Jeremías 29:11, Dios dice:

"Yo sé los planes que tengo para vosotros, dice el Señor, planes de paz, y no de mal, para daros un futuro y una esperanza." Jeremías 29:11 (RV2000)

Este versículo nos recuerda que Dios tiene planes de bien para nuestras vidas, planes que nos conducen a un futuro lleno de esperanza. Al enfocarnos en estas promesas divinas, podemos mantener una perspectiva positiva, confiando en que, a pesar de los desafíos, hay posibilidades que nos llevarán a cumplir nuestro propósito.

Por último, en Romanos 8:28 se nos asegura que:

"Sabemos que todas las cosas obran para el bien de los que aman a Dios los que han sido llamados según su propósito." Romanos 8:28 (RV2000)

Este versículo es un poderoso recordatorio de que, incluso en medio de las dificultades, podemos encontrar oportunidades y bendiciones. Con una mentalidad enfocada en lo positivo, podemos reconocer cómo cada experiencia, incluso las pruebas, se convierte en un peldaño hacia nuestro crecimiento y éxito.

la Biblia nos insta a mantener nuestros pensamientos en lo positivo y a confiar en las posibilidades que Dios ha preparado para nosotros. Al hacerlo, no solo fortalecemos nuestra fe, sino que también abrimos la puerta a un futuro lleno de esperanza y realización.

Manteniendo una motivación constante.

Uno de los pilares que sostuvo mi motivación durante mi tiempo en el Instituto Militar fue una promesa que le hice a mi madre: le aseguré que lo lograría. Ella me brindó su apoyo incondicional para ingresar, y en mi mente, no podía defraudarla. Este pensamiento, junto a otros similares, se convirtió en una fuente constante de energía y determinación que me impulsó a alcanzar mis metas.

La motivación, ese "algo" que enciende el motor de nuestras acciones, es esencial para comenzar. Es el impulso inicial que nos mueve, el recordatorio constante del "por qué" y el "para qué" de nuestras decisiones. Sin embargo, la motivación no puede actuar sola; debe estar íntimamente ligada a una voluntad férrea, capaz de resistir cualquier adversidad, formando una perfecta armonía que nos lleve a hacer realidad nuestros sueños.

Mantener la llama de la motivación encendida es vital. Es necesario que ese impulso inicial no se apague, que permanezcamos inspirados y enfocados en nuestras razones y en los motivos que nos llevaron a tomar las decisiones que nos acercan a nuestros objetivos. La motivación, entendida como la fuerza que nos impulsa a mejorar nuestra situación actual, debe ser alimentada constantemente.

Si tu motivación radica en salir de la pobreza, en mejorar una vida precaria llena de necesidades, no olvides jamás esa realidad. No es cuestión de caer en el masoquismo, sino de usar ese recuerdo como un catalizador que te impulse a superarte y a cambiar tu estatus quo. Cada persona, en su circunstancia particular, tiene sus propias razones para emprender un viaje hacia un futuro más prometedor. Cualesquiera que sean esas razones, úsalas como agentes motivadores que te mantengan enfocado en alcanzar tus metas.

La clave para mantenerte motivado es recordar constantemente el objetivo que te has propuesto y las razones que te impulsan a lograrlo. Esta actitud hará la diferencia en cómo enfrentas y desarrollas tus proyectos, y en última instancia, en cómo alcanzas el éxito.

La motivación es el motor que impulsa nuestras acciones, el combustible que nos permite avanzar en la vida a pesar de las dificultades. Sin embargo, mantener una motivación constante puede parecer un desafío en un mundo lleno de distracciones, contratiempos y altibajos emocionales. Para cultivar una mentalidad positiva, es esencial entender que la motivación no es un estado estático, sino un proceso dinámico que debemos nutrir y fortalecer a lo largo del tiempo.

Mantener una motivación constante requiere un enfoque consciente en nuestras metas y valores más profundos. Es en esos momentos de duda o desánimo cuando debemos recordar por qué comenzamos, qué es lo que realmente nos mueve y cuál es el propósito que guía nuestras acciones. Este recordatorio nos reconecta con nuestra esencia, renovando la energía y el entusiasmo para continuar.

Es crucial establecer pequeños logros a lo largo del camino, celebrar cada paso adelante y aprender de los desafíos. Estos hitos no solo nos proporcionan un sentido de progreso, sino que también refuerzan nuestra autoconfianza y nos motivan a seguir adelante.

Además, rodearse de un entorno positivo, donde las personas, las actividades y los pensamientos que nos rodean estén alineados con nuestros objetivos, es fundamental para mantener una motivación constante. La influencia del entorno puede ser poderosa; un entorno que nutre y apoya nuestras aspiraciones actúa como una fuente continua de inspiración.

La motivación constante se sostiene en la fe y la resiliencia. Entender que los obstáculos son parte del camino, y que cada desafío superado fortalece nuestro carácter, nos permite ver las dificultades no como barreras, sino como oportunidades de crecimiento. Es en la perseverancia, en la capacidad de seguir adelante con determinación y optimismo, donde radica el verdadero poder de la motivación.

Cultivar y mantener una motivación constante es, en última instancia, un acto de amor propio y respeto por nuestros sueños. Es la afirmación diaria de que estamos comprometidos con nuestro bienestar y crecimiento, y que cada esfuerzo nos acerca un poco más a la vida plena y significativa que anhelamos.

Reflexión final:

La Biblia nos ofrece una profunda enseñanza sobre la importancia de mantener una motivación constante en nuestro caminar. En Gálatas 6:9, se nos exhorta a perseverar con firmeza y determinación:

"No nos cansemos, pues, de hacer el bien, porque a su tiempo segaremos, si no desfallecemos." Gálatas 6:9 (RV2000)

Este versículo subraya la necesidad de una motivación persistente, recordándonos que los frutos de nuestro esfuerzo llegarán si permanecemos fieles y no nos rendimos.

En hebreos 12:1-2, se nos insta a correr con paciencia la carrera de la vida, con los ojos puestos en Jesús:

"Por tanto, nosotros también, teniendo en derredor nuestro tan grande nube de testigos, dejemos todo lo que estorba, y el pecado que tan fácilmente nos enreda, y

corramos con pperseverancia la carrera que nos es propuesta, fijos los ojos en Jesús, autor y perfeccionador de la fe, quien en vista del gozo que le esperaba. Sufrió la cruz, menosprecio la vergüenza, y se "sentó a la diestra del trono de Dios". Hebreos 12:1-2 (RV2000)

Aquí, la motivación constante se relaciona directamente con la fe en Cristo, quien nos da la fortaleza para seguir adelante, incluso en los momentos más difíciles.

Además, en 1 Corintios 15:58, Pablo nos anima a mantenernos firmes y abundantes en la obra del Señor:

"Así, hermanos míos amados, estad firmes y constantes, abundando en la obra del Señor siempre, sabiendo que vuestro trabajo en el Señor no es en vano." 1 Corintios 15:58 (RV2000)

Este pasaje nos recuerda que nuestro esfuerzo, cuando está alineado con la voluntad de Dios, siempre tendrá un propósito y un impacto duradero.

Mantener una motivación constante no solo depende de nuestra fuerza de voluntad, sino también de nuestra fe en Dios y de la certeza de que Él nos acompaña en cada paso del camino. Al enfocarnos en Sus promesas y en el propósito que Él tiene para nuestras vidas, encontramos la motivación necesaria para perseverar, sabiendo que todo lo que hacemos para Su gloria tiene un valor.

Vive en el Gozo de la Complacencia, de la Esperanza, del Proyecto y la Adquisición Final

Como he manifestado antes, no esperes a gozarte solo al final; vive en el gozo de estar en el camino. Disfruta del proceso, caminando con alegría y apreciando el paisaje, que, aunque a veces puede parecer confuso y escabroso, es hermoso en su totalidad. Complace tu espíritu en el deseo de avanzar, en la acción misma de trabajar hacia tus metas.

Encuentra gozo en la esperanza, esa fuerza que da sentido a tu proyecto de vida, en la ilusión y en el sueño que te impulsa. Gózate en cada paso, en cada pequeño logro, en cada mirada hacia atrás que te muestra cuánto has avanzado. Ten la certeza de que, con una mente firme y un corazón lleno de fe, nada ni nadie se interpondrá entre tú y tus ideales.

Vive en el gozo durante la incubación de todos tus planes, sabiendo que cada paso te acerca más a la realización de tus sueños. Gózate antes, durante y después de cada jornada, consciente de que al final disfrutarás del dulce sabor de la victoria.

Cuando te permites vivir en este gozo continuo, el camino deja de ser un sacrificio y se convierte en el placer de vivir la vida que te ha tocado vivir.

Vivir con una mentalidad positiva implica más que solo pensar en lo bueno; es sumergirse plenamente en el gozo que trae cada etapa del proceso. Este gozo se manifiesta en cuatro dimensiones: la complacencia, la esperanza, el proyecto y la adquisición final.

Vivir en la complacencia significa disfrutar el momento presente, estar satisfecho con lo que se tiene y lo que se es. La complacencia no es conformismo, sino una profunda gratitud por las bendiciones actuales, sabiendo que cada día ofrece algo valioso. Es reconocer que la paz y la felicidad no dependen de lo que nos falta, sino de lo que ya poseemos y cómo lo valoramos.

Vivir en la esperanza es anclar nuestro corazón en la certeza de que lo mejor está por venir. La esperanza es un motor que nos impulsa hacia adelante, aun cuando las circunstancias parezcan adversas. Es la confianza en que nuestros esfuerzos darán fruto y que Dios, en Su infinita bondad, tiene preparado un futuro lleno de bendiciones. La esperanza nos permite avanzar con optimismo, sabiendo que cada paso nos acerca a la realización de nuestros sueños.

Vivir en el proyecto es entregarse con pasión y dedicación a las metas que nos hemos propuesto. Es comprender que el viaje hacia nuestros objetivos es tan importante como alcanzarlos. El proyecto es el terreno donde se cultivan la disciplina, la creatividad y la perseverancia. Es en este proceso donde aprendemos, crecemos y nos transformamos, convirtiéndonos en la mejor versión de nosotros mismos.

Vivir en la adquisición final es disfrutar plenamente el logro de nuestros objetivos. Es saborear el fruto de nuestro trabajo y esfuerzo, celebrando cada victoria con humildad y gratitud. La adquisición final no es solo el fin del camino, sino la culminación de una serie de elecciones y acciones motivadas por la fe, la esperanza y el amor.

Al vivir en el gozo de la complacencia, de la esperanza, del proyecto y la adquisición final, creamos una vida llena de significado y propósito. Este enfoque nos permite cultivar una mentalidad positiva, donde cada etapa de nuestra jornada es una oportunidad para crecer, disfrutar y agradecer.

Reflexión final:

La Biblia nos enseña que el gozo es un fruto del Espíritu y una actitud que debemos cultivar en todas las etapas de la vida. En Filipenses 4:4, se nos exhorta:

"Regocijaos en el Señor siempre. Repito: ¡Regocijaos!" Filipenses 4:4(RV 2000)

Este versículo nos invita a vivir en un estado constante de alegría, independientemente de las circunstancias, reconociendo que nuestro gozo proviene del Señor y de Su presencia en nuestras vidas.

La complacencia se refleja en la paz y satisfacción que encontramos al vivir conforme a la voluntad de Dios. En Salmos 37:4, se nos anima a

"Deléitate en el Señor, y él te dará los deseos de tu corazón." Salmos 37:4 (RV 2000)

Este deleite en el Señor nos lleva a una vida de gratitud y contentamiento, donde cada momento es una oportunidad para experimentar Su bondad.

La esperanza es un ancla firme que nos sostiene en medio de las pruebas y desafíos. Romanos 12:12 nos exhorta a

"gozaos en la esperanza, sufridos en la tribulación, constantes en la oración." Romanos 12:12(RV2000)

Esta esperanza no es una simple expectativa, sino una confianza plena en las promesas de Dios, que nos permite perseverar y mantener una actitud positiva en todo momento.

El proyecto de vida que emprendemos debe estar guiado por la sabiduría y dirección de Dios. Proverbios 16:3 nos instruye:

"Encomienda al Señor tus obras, y tus planes tendrán éxitos." Proverbios 16:3 (RV 2000)

Al confiar nuestros planes al Señor, podemos avanzar con seguridad, sabiendo que Él nos guiará y nos fortalecerá en cada paso del camino.

la adquisición final es el cumplimiento de las promesas de Dios y la recompensa por nuestra fidelidad. Santiago 1:12 nos recuerda:

"Feliz el hombre que soporta la tentación, porque al superar la prueba, recibirá la corona de la vida, que Dios ha prometido a los que lo aman." Santiago 1:12 (RV 2000)

Este versículo nos asegura que nuestro esfuerzo y perseverancia no son en vano; al final, gozaremos del fruto de nuestro trabajo y de la bendición de Dios.

Vivir en el gozo de la complacencia, de la esperanza, del proyecto y la adquisición final es vivir una vida plena y significativa, en la cual cada etapa es una oportunidad para experimentar la bondad de Dios y regocijarnos en Su fidelidad. Al enfocarnos en Su amor y en Sus promesas, encontramos la fuerza y la alegría necesarias para seguir adelante con una mentalidad positiva.

Recapitulación:

En esta sección, he propuesto al lector la creación de nuevas posibilidades partiendo de lo que ya posee, todo ello a través del cultivo de una mentalidad positiva. Este enfoque es esencial para alcanzar nuevas metas y es, a su vez, un llamado a la acción.

Cultivar una mentalidad positiva implica ir más allá de la superficie y adentrarse en las profundidades de nuestro entendimiento. Al explorar el conocimiento científico y filosófico, descubrimos una multitud de propuestas que convergen en la importancia de mantener una actitud mental positiva. Sin embargo, mi propuesta, basada en mi experiencia de vida, subraya un enfoque práctico y accesible.

Es de sabios valorar el momento presente, reconociendo que él ahora es todo lo que tenemos. Vive en el presente, abrázalo y disfrútalo. *"Este es el día que hizo el Señor. Regocijémonos y alegrémonos en él."* (Salmos 118:24, RV 2000).

Gozarse en lo cotidiano no es simplemente aceptar la rutina, sino encontrar alegría y crecimiento en cada pequeño aspecto de la vida diaria. Al hacerlo, fortalecemos el poder de nuestros pensamientos y creencias más elevadas y altruistas. *"Sobre todo, guarda tu corazón (tu mente), porque es la fuente de la vida."* (Proverbios 4:23, RV 2000).

Actuar con convicción, sin lugar a duda, es clave para combatir la negatividad y el pesimismo. Una actitud de gratitud es esencial, pues nos permite enfocarnos en lo positivo y en las múltiples posibilidades que se abren ante nosotros. *"Dad gracias por todo, porque esta es la voluntad de*

Dios para vosotros en Cristo Jesús." (1 Tesalonicenses 5:18, RV 2000).

Mantener una motivación constante no es solo un ideal, sino una necesidad para avanzar en la vida. Vivir con gozo en la esperanza que nos brindan nuestros proyectos y metas, y disfrutar plenamente del proceso, nos lleva a una satisfacción más profunda y duradera. *"Todo lo puedo en Cristo que me fortalece."* (Filipenses 4:13, RV 2000).

Así, podemos avanzar con confianza hacia la realización de nuestros sueños y la adquisición final de aquello por lo que hemos trabajado, siempre guiados por una mentalidad positiva y una fe inquebrantable.

Sabiduría
Atemporal
Sección 3
Felicito Góndola JR

SABIDURÍA ATEMPORAL

Sección 3: Principios para el Crecimiento Personal.

“si no lo hacemos nosotros, ¿quién lo hará por nosotros?"

Aprendizaje Continuo y Desarrollo Personal

Estudia, aprende y edúcate, como quien degusta los más exquisitos manjares. Saborea cada nuevo conocimiento, cada lección, y permite que la sabiduría penetre en tu ser, del mismo modo en que el paladar percibe los matices de un plato preparado con esmero. El aprendizaje, al igual que un delicioso festín, se disfruta más cuando se degusta con calma, apreciando cada detalle, cada aroma, cada sabor. Esta experiencia no solo alimenta la mente, sino que vigoriza el espíritu, elevándolo a nuevas alturas. Entre los principios fundamentales del desarrollo personal, el aprendizaje continuo se erige como la base sobre la cual construimos no solo nuestro crecimiento, sino también nuestra capacidad para enfrentar los desafíos de la vida diaria.

Estudiar, aprender y educarse debe convertirse en un hábito permanente, entendido en el sentido más amplio de la palabra. Al hacerlo, deberíamos experimentar el aprendizaje como una aventura enriquecedora que nutre tanto al intelecto como al alma. Saborear cada nueva idea, apreciar la agradable sensación de adentrarse en el conocimiento, es percibir el proceso como un recreo para el alma emprendedora, que se fortalece y llena de vigor. Nunca es tarde para deleitarse con este banquete de saber; será siempre una fuente inagotable de renovación y placer. Las competencias que adquieres a lo largo del camino no son meramente herramientas para el éxito, sino condimentos que enriquecen y transforman tu ser, otorgándote plenitud y propósito.

A través del estudio constante y la preparación continua, adquirimos las competencias necesarias para enfrentar los desafíos cotidianos, logrando así el crecimiento personal que tanto aspiramos. Este camino de aprendizaje nos permite alcanzar una vida más plena y satisfactoria. Ábrete al conocimiento y aprende a aprender; nutre no solo tu mente, sino también tu cociente emocional, tu inconsciente, y tu espíritu. Todo tu ser debe estar preparado para la batalla diaria de la vida, enfrentando con valentía y sabiduría los retos que ésta te presente. En cada desafío, el conocimiento será tu arma más poderosa, y en la preparación constante residirá la clave para superar las adversidades y alcanzar el éxito.

Reflexión final.

El aprendizaje continuo y el desarrollo personal, como hemos visto, son caminos que nos conducen al crecimiento integral de nuestro ser.

La Biblia nos enseña que el verdadero crecimiento personal y espiritual está basado en la perseverancia y en la disciplina diaria. En Proverbios 4:7 leemos:

"Lo primero es la sabiduría. Adquiere sabiduría. Aunque te cueste todos tus bienes, adquiere inteligencia." Proverbios 4:7 (RV 2000)

Este versículo nos recuerda que debemos buscar el conocimiento y la sabiduría como una prioridad en nuestras vidas, estableciendo hábitos de estudio y reflexión que nos conduzcan a una vida más plena.

Así como el aprendizaje es un proceso continuo que fortalece nuestra mente y espíritu, la Biblia nos exhorta a mantenernos firmes en este camino. En romanos 12:2 se nos anima a:

"Y no os conforméis a este mundo, sino transformarnos mediante la renovación de vuestro entendimiento, para que podáis comprobar cuál es la voluntad de Dios, que es buena, agradable y perfecta". Romanos 12:2 (RV 2000)

Señalando que el cambio y el crecimiento vienen cuando adoptamos nuevos hábitos que nutran tanto nuestra mente como nuestro espíritu. Para que esta transformación sea efectiva, es necesario alimentar nuestro ser con la sabiduría divina, de manera que nuestras decisiones y acciones estén alineadas con los principios eternos.

El proceso de aprender y crecer no solo nos equipa para enfrentar los retos diarios, sino que nos acerca a cumplir nuestro propósito en la vida. En 2 Timoteo 3:16-17, se nos recuerda:

"Toda la Escritura es inspirada por Dios, y es útil para enseñar, reprender, enmendar e instruir en justicia, para que el hombre de Dios sea perfecto, cabalmente instruido para toda buena obra". 2 Timoteo 3:16-17 (RV 2000)

Aquí encontramos que el estudio y la aplicación de la Palabra de Dios son fundamentales para adquirir las competencias necesarias que nos capacitan para enfrentar los desafíos con sabiduría y determinación.

Establecer hábitos positivos, como estudiar diligentemente la Palabra y aplicar sus principios en nuestra vida diaria, es clave para un crecimiento sostenido. En Filipenses 4:8 se nos instruye:

"Por lo demás, me esta guardada la corona de justicia, que me dará el Señor, Juez justo, en aquel día. Y no solo a mí, sino también a todos los que aman su venida". Filipenses 4:8 (RV 2000).

Este versículo nos enseña que debemos llenar nuestra mente con pensamientos y acciones que fomenten nuestro bienestar espiritual y personal.

Por lo tanto, el crecimiento personal basado en principios bíblicos requiere disciplina, un corazón dispuesto a aprender, y la adopción de hábitos que reflejen los valores divinos. Nunca es tarde para comenzar este camino de transformación. Como dice Isaías 40:31:

"Pero los que esperan al Señor tendrán nuevas fuerzas. Levantarán el vuelo como las águilas; correrán, y no se cansarán; caminarán, y no se fatigarán." Isaías 40:31(RV 2000)

La clave está en mantenernos firmes, confiando en que Dios nos dará la fuerza para seguir adelante mientras nos preparamos continuamente para enfrentar con sabiduría los desafíos de la vida.

Salir de la Zona de Confort: Un Imperativo para el Crecimiento Persona, El Umbral hacia el Verdadero Crecimiento.

La expresión "zona de confort" es ampliamente utilizada hoy en día y se ha vuelto una idea común en el ámbito del crecimiento personal. Este concepto se refiere a un estado en el que la persona se siente cómoda aceptando un estilo de vida que demanda el mínimo esfuerzo, conformándose con lo que tiene, como lo tiene, y sin aspirar a más. Es un estado en el que se evita cualquier tipo de sacrificio, incluso esperando que otros realicen las tareas y trabajos que le corresponderían.

Desde mi niñez, comprendí que la vida no se trata de permanecer en la comodidad. Tenía que colaborar en las actividades del hogar para ayudar a mi madre, quien trabajaba arduamente para sostenernos económicamente y cubrir las necesidades de nuestra humilde familia. Recuerdo un día en particular, cuando tenía alrededor de trece años. Llegué a casa después del colegio y, al acercarme al portal, vi una gran cantidad de mazorcas de maíz recién cosechado, que usábamos para elaborar productos que vendíamos para ganar algo de dinero.

Al entrar a la casa, le pregunté a mi madre cuántas mazorcas había en el portal. Ella me respondió con calma: "Mil doscientas." Sorprendido, exclamé: "¡Mamá, son muchas!" Ella entonces me dijo con una serenidad que aún resuena en mi interior: "Hijo, es lo que tenemos. Es la manera en que podemos ganar algo de dinero, y de ahí podremos comer." Luego pronunció una frase que me marcó para toda la vida y que ha contribuido significativamente a mi crecimiento personal: "Hijo, si no lo hacemos nosotros, ¿quién lo hará por nosotros?"

En ese momento, entendí una lección fundamental: la vida no es fácil ni cómoda. Es sencillo quedarse inactivo, pero eso no nos lleva a ningún lugar. Nuestra existencia exige acción para avanzar, y para ello, debemos estar dispuestos a salir de nuestra zona de confort. El crecimiento personal es una responsabilidad que recae sobre cada uno de nosotros; nadie más puede hacerlo por nosotros.

Así que, si realmente deseas crecer, debes estar dispuesto a hacer lo que es necesario, incluso si eso significa sacrificarse. Para lograr un crecimiento personal genuino, entre otras cosas, es imprescindible salir de lo confortable, dejar atrás la zona de confort y enfrentar los desafíos con determinación y valentía.

La zona de confort es un espacio familiar donde reina la seguridad y la estabilidad, pero también es donde el crecimiento personal se ve limitado. Es un entorno en el que las rutinas diarias se repiten sin mayores sobresaltos, permitiendo que la vida transcurra sin desafíos significativos. Sin embargo, esta aparente comodidad puede convertirse en una jaula dorada que, aunque confortable, impide el desarrollo pleno de nuestro potencial.

Salir de la zona de confort es un acto de valentía que requiere voluntad y determinación. Es el primer paso hacia un camino desconocido, donde los desafíos son inevitables, pero también lo son las oportunidades para crecer. Cuando nos atrevemos a salir de este espacio seguro, nos enfrentamos a lo desconocido, a lo incierto, y es precisamente en ese terreno donde descubrimos nuestras verdaderas capacidades y alcanzamos nuevos niveles de autoconocimiento y desarrollo.

El crecimiento personal exige incomodidad. Cada vez que enfrentamos un nuevo desafío, ampliamos nuestras habilidades y expandimos nuestra mente. Es en esos momentos de incertidumbre donde encontramos la fortaleza interior para superarnos a nosotros mismos y alcanzar logros que antes parecían inalcanzables.

Salir de la zona de confort no significa abandonar la seguridad por completo, sino redirigir nuestra vida hacia metas más altas, aceptando que la incomodidad es parte integral del proceso de crecimiento. Al hacerlo, nos liberamos de las limitaciones autoimpuestas y nos abrimos a un mundo de posibilidades infinitas.

Recuerda que el verdadero crecimiento no se encuentra en lo fácil, sino en lo que nos desafía a ser mejores, a ir más allá de lo conocido. Es en ese umbral entre la comodidad y el desafío donde se forjan las grandes transformaciones personales. Salir de la zona de confort es, en última instancia, un acto de fe en uno mismo y en el potencial que cada ser humano posee para alcanzar su mejor versión.

Reflexión final.

La Biblia nos enseña que el crecimiento espiritual y personal requiere valentía para salir de nuestra zona de confort y enfrentar los desafíos de la vida. Jesús mismo nos llama a tomar nuestra cruz y seguirlo, lo que implica un llamado a abandonar lo cómodo y a caminar por un camino de sacrificio y entrega.

En Mateo 16:24, Jesús dijo a sus discípulos:

"Entonces Jesús dijo a sus discípulos: Si alguno quiere venir en pos de mí, niéguese a sí mismo, tome su cruz, y sígame." Mateo 16:24, (RV 2000)

Este versículo subraya la importancia de renunciar a nuestra comodidad personal para seguir los principios y el llamado divino, lo que lleva a un crecimiento profundo y auténtico.

Además, el apóstol Pablo, en su carta a los Filipenses, nos recuerda que debemos avanzar hacia lo que está delante, dejando atrás lo que nos retiene. En Filipenses 3:13-14, dice:

"Hermanos, no considero haberlo ya alcanzado; pero una cosa hago: olvido lo que queda atrás, me extendiéndome a lo que está delante, y prosigo a la meta, al que Dios me ha llamado desde el cielo en Cristo Jesús." Filipenses 3:13-14, (RV 2000)

Este pasaje nos impulsa a salir de la zona de confort, a olvidar lo que está detrás y a esforzarnos por alcanzar el llamado que Dios tiene para nuestras vidas.

Finalmente, en el libro de Josué, Dios exhorta a su siervo a ser fuerte y valiente, a no temer ni desmayar, porque Él estará con nosotros en todo momento:

"Mira que te mando que te esfuerces y seas valiente, no tema, ni desmayes, porque yo, el Señor tu Dios, estaré contigo dondequiera que vayas." Josué 1:9, (RV 2000)

Este versículo nos recuerda que, aunque salir de nuestra zona de confort puede parecer difícil y atemorizante, Dios nos acompaña y nos fortalece, guiándonos hacia el crecimiento y la realización de su propósito en nuestras vidas.

Paciencia y Perseverancia.

La palabra griega para "paciencia" es **Hupomoné**, que se traduce de manera más precisa como "perseverancia firme" o "tesón". Este término no implica una espera pasiva, sino una actitud de resistencia activa ante las dificultades. Es la capacidad de soportar, de enfrentar el sufrimiento y el dolor sin rendirse. Al adoptar este principio, no solo fortalecemos nuestro carácter, sino que también sentamos una base sólida para el crecimiento personal.

La perseverancia es una cualidad que nos impulsa a no detenernos ni rendirnos. Siempre existe un paso más que se puede dar, incluso cuando el camino parece arduo y desafiante. Lo que realmente importa es avanzar, no desmayar hasta alcanzar las metas que nos hemos propuesto o hasta donde el camino nos lleve. En este proceso, la voluntad se convierte en nuestra herramienta más poderosa.

Cada intento, cada momento de perseverancia, es una oportunidad para crecer y fortalecernos. Al poner en práctica estos principios y mantenernos firmes en ellos, nos volvemos más resistentes, capaces de enfrentar cualquier desafío. De esta manera, estamos construyendo un carácter que nos permitirá continuar creciendo y superándonos constantemente.

En la jornada hacia el éxito personal y el logro de nuestras metas, la paciencia y la perseverancia son virtudes esenciales que actúan como pilares fundamentales. En un mundo que constantemente busca resultados rápidos y soluciones inmediatas, la paciencia nos enseña a valorar el proceso, a comprender que todo crecimiento verdadero lleva tiempo y requiere dedicación constante.

La paciencia no es simplemente la capacidad de esperar, sino la disposición de mantener una actitud positiva y tranquila mientras se espera. Es entender que cada pequeño paso, cada esfuerzo realizado, es una semilla plantada que, con el tiempo, dará fruto. La paciencia nos enseña a confiar en el proceso, a no desanimarnos por los obstáculos temporales, sino a verlos como oportunidades para fortalecer nuestro carácter y avanzar hacia nuestro crecimiento personal.

Por otro lado, la perseverancia es la fuerza que nos impulsa a continuar avanzando, incluso cuando el camino se torna difícil. Es la convicción de que, a pesar de los contratiempos, cada esfuerzo vale la pena y cada desafío es una oportunidad para crecer. La perseverancia es lo que nos permite mantenernos firmes en nuestra visión, resistiendo la tentación de rendirnos ante las primeras señales de dificultad.

Juntas, la paciencia y la perseverancia forman un dúo poderoso que nos capacita para enfrentar la vida con valentía y determinación. Cultivar estas virtudes nos permite avanzar con confianza, sabiendo que el verdadero éxito no reside en el destino final, sino en el viaje y la transformación que experimentamos a lo largo del camino.

Al aplicar paciencia y perseverancia en nuestra vida diaria, no solo desarrollamos un carácter fuerte, sino que también establecemos una base sólida para el crecimiento personal. Estas virtudes nos ayudan a mantenernos enfocados en nuestras metas, a superar las adversidades con una actitud constructiva, y a celebrar cada logro, por pequeño que sea, como un paso significativo hacia la realización de nuestro propósito.

Reflexión final:

La paciencia y la perseverancia son virtudes que, cultivadas con diligencia, nos permiten un desarrollo y crecimiento personal en medio de las adversidades. La Biblia nos enseña que estas cualidades no solo son necesarias, sino también altamente valoradas por Dios. En Romanos 5:3-4, el apóstol Pablo nos dice:

"Y no solo esto, sino que nos alegramos aun en las tribulaciones, al saber que la tribulación produce paciencia; y la paciencia, produce un carácter aprobado; y la

aprobación alienta la esperanza." (Romanos 5:3-4 RV 2000)

Aquí vemos cómo la paciencia es el fruto de soportar las pruebas con perseverancia, llevando a una esperanza firme y sólida en Dios.

Además, en Santiago 1:3-4 se nos recuerda:

"Porque vosotros sabéis que la prueba de vuestra fe produce paciencia. Pero tenga la paciencia su obra completa, para que seáis perfectos y cabales, sin que os falte cosa alguna." *(*Santiago 1:3-4 RV 2000)

Este pasaje enfatiza que la paciencia no es solo un medio para soportar, sino que es fundamental para alcanzar la madurez espiritual y la plenitud de nuestro carácter.

La perseverancia, por su parte, se destaca en Gálatas 6:9, donde se nos exhorta:

"No nos cansemos, pues, de hacer bien, que a su tiempo segaremos, si no desfallecemos." (Gálatas 6:9 RV 2000)

Este versículo nos anima a continuar en el camino correcto, asegurándonos que la recompensa llegará a su debido tiempo, si mantenemos nuestra firmeza.

Hebreos 12:1 nos invita a correr con perseverancia la carrera que tenemos por delante,

"Por lo tanto, nosotros también, teniendo en derredor nuestro tan grande nube de testigos, dejemos todo lo que estorba, y el pecado que tan fácilmente nos enreda, y corramos con perseverancia la carrera que nos es propuesta. " (Hebreos 12:1 RV 2000)

Este llamado nos recuerda que la verdadera perseverancia se nutre de nuestra fe en Cristo, quien es nuestro mayor ejemplo de paciencia y resistencia.

Al aplicar estos principios bíblicos, no solo cultivamos crecimiento persona, sino que también caminamos en la voluntad de Dios, creciendo en fortaleza y carácter, y avanzando con la certeza de que Él está con nosotros en cada paso del camino.

La Importancia del Autoconocimiento.

El autoconocimiento ocupa un lugar central dentro de los principios fundamentales para el crecimiento personal. Desarrollar la habilidad de identificar nuestras destrezas, fortalezas, debilidades y limitaciones es esencial para avanzar de manera efectiva en nuestro desarrollo personal y para comprender cómo nos perciben los demás. Saber de lo que somos capaces y conocer nuestras competencias más destacadas nos proporciona una base sólida sobre la cual construir nuestras metas y enfrentar los desafíos de la vida con seguridad y propósito.

El autoconocimiento no solo nos permite gestionar y controlar nuestras emociones, sino que también nos ayuda a evitar que las adversidades y nuestras bajas pasiones nos desvíen de nuestro propósito. Al conocernos mejor, podemos identificar las áreas que necesitan ser reforzadas para lograr un verdadero crecimiento personal. Este conocimiento interno es fundamental para manejar la ira y las reacciones adversas que, en ocasiones, pueden socavar nuestra buena fe y la sana convivencia social.

A medida que profundizamos en nuestro autoconocimiento, nos volvemos más capaces de superar los deseos inmediatos y las tentaciones, priorizando nuestras obligaciones y responsabilidades de manera estricta. Este proceso de introspección es clave para alcanzar un crecimiento personal auténtico y sostenido, permitiéndonos desarrollar la fortaleza y la sabiduría necesarias para vivir una vida plena y significativa, en armonía con nosotros mismos y con quienes nos rodean.

El autoconocimiento es, en efecto, la base sobre la cual se edifica todo crecimiento personal. Entender quiénes somos, qué nos motiva, y cuáles son nuestras fortalezas y debilidades es un viaje interno que nos permite vivir de manera más auténtica y alineada con nuestros valores. Este proceso no solo nos ayuda a tomar decisiones más acertadas, sino que también nos permite reconocer nuestras áreas de mejora y cómo trabajar en ellas.

Conocernos a nosotros mismos es esencial para establecer metas que realmente resuenen con nuestra esencia y para trazar un camino de vida que refleje nuestras verdaderas aspiraciones. Sin un profundo entendimiento de nuestro ser interior, corremos el riesgo de seguir caminos que no nos llevan a la realización personal o de perseguir objetivos que no se alinean con nuestro propósito de vida.

Además, el autoconocimiento es una herramienta poderosa para la resiliencia. Cuando entendemos nuestras reacciones emocionales, nuestros patrones de pensamiento, y nuestras motivaciones internas, estamos mejor equipados para enfrentar los desafíos de la vida con fortaleza y claridad. Este conocimiento interior nos proporciona una brújula que nos guía en momentos de incertidumbre y nos permite mantenernos firmes en nuestras convicciones, incluso cuando el camino se torna difícil.

El autoconocimiento también facilita la empatía y la comprensión hacia los demás. Al reconocer nuestras propias luchas y triunfos, desarrollamos una mayor capacidad para entender y apoyar a los demás en sus propios viajes. Esta conexión con nuestro ser interior nos permite relacionarnos de manera más genuina y significativa con quienes nos rodean, fortaleciendo nuestras relaciones y nuestro impacto positivo en el mundo.

La importancia del autoconocimiento no puede ser subestimada. Es el cimiento sobre el cual se construyen no solo nuestras vidas, sino también nuestras relaciones y nuestro impacto en el mundo. Cultivar una comprensión profunda de nosotros mismos es, en esencia, un acto de amor propio y de crecimiento continuo que nos lleva hacia la realización plena y nos permite vivir una vida auténtica y significativa, en constante armonía con nuestros valores y con quienes nos rodean.

Reflexión final:

El autoconocimiento, como fundamento para el crecimiento personal, es un principio que la Biblia apoya profundamente. La Escritura nos invita a reflexionar sobre quiénes somos y cómo podemos vivir en conformidad con la voluntad de Dios.

El Salmo 139:23-24 nos lleva a una introspección profunda:

"Examíname, oh Dios, y conoce mi corazón; pruébame y reconoce mis pensamientos. Mira si voy en mal camino y guíame por el camino eterno." Salmo 139:23-24 (RV 2000)

Este pasaje subraya la importancia de permitir que Dios revele nuestras debilidades y áreas de mejora, para que podamos corregirlas y caminar en integridad. Aquí, el autoconocimiento no es solo un esfuerzo humano, sino una invitación a que Dios nos guíe en el proceso de autoevaluación y mejora continua.

Además, en 2 Corintios 13:5, se nos exhorta:

"Examinaos a vosotros mismos para ver si estáis en la fe. Probaos a vosotros mismos. ¿No reconocéis que Jesucristo está en vosotros? A menos que estéis aprobados" 2 Corintios 13:5 (RV 2000)

Este versículo nos recuerda la importancia de evaluar constantemente nuestra vida espiritual y nuestros motivos, asegurándonos de que estamos alineados con nuestra fe y propósito en Cristo.

Proverbios 4:23 también nos advierte:

"Sobre todo, guarda, guarda tu corazón (tu mente) porque es la fuente de la vida." Proverbios 4:23 (RV 2000)

Este consejo nos dirige a un autoconocimiento consciente y cuidadoso, donde se nos insta a proteger nuestro interior y a ser conscientes de las influencias que permitimos en nuestra vida. Conocer y cuidar nuestro corazón es esencial para un crecimiento personal que refleje los valores del Reino de Dios.

La Biblia nos guía a un autoconocimiento que no solo busca mejorar nuestras capacidades humanas, sino que también nos alinea con los propósitos divinos. Al conocernos a nosotros mismos en la luz de la Palabra de Dios, somos capacitados para vivir de manera auténtica, con propósito, y en armonía con nuestro Creador y con los demás.

Estableciendo Hábitos positivos.

El éxito y el crecimiento personal no son frutos del azar, sino el resultado de acciones repetidas y consistentes a lo largo del tiempo. Los hábitos que cultivamos son, en esencia, los ladrillos con los que construimos nuestra vida. Por ello, establecer hábitos positivos se convierte en una tarea fundamental para cualquier persona que aspire a una vida con propósito y significado.

Los hábitos positivos son aquellas acciones que realizamos de manera cotidiana y que nos conducen a mejorar nuestro bienestar general. Estas acciones, aunque en un principio pueden parecer pequeñas o insignificantes, tienen el poder de transformar nuestra existencia de una manera profunda y duradera. Un hábito positivo es una herramienta poderosa que, con el tiempo, se convierte en parte integral de nuestra rutina diaria, guiándonos hacia el crecimiento personal y el éxito.

Si descubres una nueva manera de hacer algo que mejora un aspecto importante de tu vida, es fundamental que te comprometas a practicarlo una y otra vez hasta que se convierta en un hábito. Al principio, esto requerirá esfuerzo y determinación, pero a medida que repites la acción, esta se integrará naturalmente en tu vida diaria. Lo que antes era un desafío se convierte en una rutina automática, esencial para tu bienestar y desarrollo personal.

Por ejemplo, si deseas mejorar tu salud y te han recomendado hacer ejercicio y llevar una dieta equilibrada, es imperativo que crees el hábito de ejercitarte regularmente y de mantener una alimentación saludable. No se trata de hacer estas cosas de manera ocasional o esporádica, sino de integrarlas consistentemente en tu día a día. Con el tiempo, estas acciones dejarán de ser un esfuerzo consciente y se convertirán en una segunda naturaleza, facilitando su permanencia en tu vida.

Este mismo principio se aplica a cualquier aspecto de tu vida que desees mejorar. Al establecer hábitos positivos que contribuyan a tu bienestar, tu mente se transforma en un motor de positivismo que te impulsa hacia tus metas. Con una mente positiva y hábitos sólidos, contarás con un aliado poderoso para lograr tus propósitos, vivir una vida plena y alcanzar la felicidad.

Para que un hábito positivo se arraigue verdaderamente en nuestra vida, es necesario comenzar con pequeñas acciones que, con el tiempo, se conviertan en rutinas diarias. Estos hábitos, cuando son seleccionados con sabiduría, no solo tienen el poder de mejorar nuestra salud y aumentar nuestra productividad, sino que también moldean nuestra identidad, definiendo quiénes somos y quiénes podemos llegar a ser.

La creación de un nuevo hábito positivo requiere compromiso y paciencia. Es un proceso que implica repetir una acción hasta que se convierta en parte natural de nuestro día a día. La clave está en la constancia, en la determinación de seguir adelante incluso cuando los resultados no sean inmediatos. Recordemos que la formación de hábitos es una inversión a largo plazo en nuestro bienestar y en nuestra felicidad futura.

Cada hábito positivo que integramos en nuestra vida nos acerca un paso más a nuestros objetivos personales y profesionales. Nos convierte en personas más disciplinadas, enfocadas y resilientes. Así, al establecer hábitos positivos, no solo estamos mejorando nuestro presente, sino que estamos construyendo el camino hacia un futuro más prometedor.

Reflexión final.

La importancia de establecer hábitos positivos en nuestra vida está enraizada en principios bíblicos que nos guían hacia una vida plena y significativa. En la Biblia, encontramos numerosos ejemplos y enseñanzas que nos exhortan a cultivar hábitos que no solo mejoren nuestro bienestar personal, sino que también fortalezcan nuestra relación con Dios y con los demás.

En Proverbios 22:6, se nos instruye:

"Adiestra al niño en el camino que debe seguir, y aunque sea anciano, no se apartará de él." Proverbios 22:6 (RV 2000)

Este versículo subraya la importancia de inculcar hábitos positivos desde una edad temprana, ya que estos se arraigan en nuestra vida y nos guían incluso en la adultez. Del mismo modo, como adultos, somos llamados a formar y mantener hábitos que nos conduzcan a una vida de propósito y bendición.

El apóstol Pablo, en su carta a los Gálatas, nos recuerda el valor de la perseverancia en la formación de hábitos positivos:

"No nos cansemos, pues, de hacer el bien, que a su tiempo segaremos, si no desfallecemos" Gálatas 6:9 (RV 2000).

Aquí se destaca la importancia de la constancia y el compromiso en hacer lo correcto, aunque los frutos de nuestros esfuerzos no siempre sean inmediatos.

Jesús mismo nos enseñó la importancia de la práctica constante en nuestra vida espiritual. En Juan 15:4-5, Él dice:

"Permaneced en mí, y yo en vosotros. Como el pámpano no puede llevar fruto por sí mismo, si no permanece en la vid, tampoco vosotros, si no permanecéis en mí. Yo soy la vid, vosotros los pámpanos. El que permanece en mí, y yo en él, éste lleva mucho fruto, porque separados de mí nada podéis hacer." Juan 15:4-5 (RV 2000)

Este pasaje nos enseña que, al igual que los hábitos positivos requieren de práctica constante, nuestra relación con Dios también necesita una conexión continua para que podamos dar fruto en nuestras vidas.

Filipenses 4:8, se nos insta a enfocar nuestra mente en lo positivo:

"Por lo demás, hermanos, todo lo que es verdadero, todo lo honorable, todo lo justo, todo lo puro, todo lo amable, todo lo que es de buen nombre; si hay virtud alguna, si algo digno de alabanza, en eso pensad." Filipenses 4:8 (RV 2000)

Este versículo nos recuerda que nuestra mente debe estar centrada en lo bueno, en lo que edifica, y que, al hacerlo, nuestros pensamientos se convierten en el fundamento de hábitos positivos que nos conducen a una vida conforme al propósito de Dios.

Establecer hábitos positivos no es solo una herramienta para el éxito personal, sino también una forma de vivir de acuerdo con los principios divinos. Al hacerlo, no solo mejoramos nuestro bienestar y alcanzamos nuestras metas, sino que también honramos a Dios y vivimos una vida que refleja Su amor y Su propósito para nosotros.

Desarrollando Habilidades y Competencias

Para lograr el crecimiento personal que todos aspiramos, es fundamental construir bases sólidas sobre las que este desarrollo pueda florecer. El camino hacia el crecimiento personal no está completo sin el desarrollo continuo de nuestras habilidades y competencias. Estos son los pilares que sostienen nuestro avance y nos capacitan para enfrentar los desafíos de la vida con confianza y determinación.

Uno de los primeros pasos en este proceso es realizar un autoanálisis objetivo que nos permita identificar nuestras habilidades innatas: aquellas áreas en las que naturalmente nos destacamos y para las que estamos mejor preparados. Reconocer nuestras fortalezas es esencial para potenciarlas y utilizarlas de manera efectiva en nuestro camino hacia el crecimiento. Sin embargo, desarrollar habilidades es más que simplemente adquirir nuevas destrezas; es una dedicación constante a mejorar lo que ya somos y lo que ya sabemos. Es como un escultor que moldea la piedra para revelar la obra maestra que yace en su interior. Nosotros debemos esculpir nuestras habilidades para liberar nuestro máximo potencial.

Igualmente, importante es identificar nuestras carencias en cuanto a habilidades y competencias. Enfrentarnos con honestidad a las áreas en las que no somos tan fuertes es un ejercicio de humildad y visión estratégica. Si descubrimos que no contamos con las habilidades y competencias óptimas necesarias para llevar a cabo nuestros más anhelados planes y proyectos, es crucial elaborar un plan de preparación. Este plan puede incluir educación académica, formación técnica o cualquier otra forma de aprendizaje que se ajuste a nuestras necesidades. En este proceso de desarrollo, la perseverancia y la autodisciplina juegan un papel crucial, ya que nos permiten superar las barreras y seguir avanzando, incluso cuando el camino se torna difícil.

A lo largo de este libro, se han presentado diversas propuestas y herramientas que pueden servirnos de guía en este proceso. Sin embargo, su verdadero valor radica en nuestra capacidad de ponerlas en práctica con persistencia y compromiso. Un crecimiento personal efectivo requiere la aplicación constante de estos principios, ya que solo así podremos ver resultados tangibles en nuestra vida.

Es vital comprender que el desarrollo de habilidades y competencias no es un destino, sino un viaje continuo. Cada paso que damos en esta senda nos acerca más a la versión más plena y realizada de nosotros mismos. Nos empodera para contribuir de manera significativa en nuestras relaciones, en nuestro trabajo y en la sociedad en general. Ser competente significa estar preparado de manera integral para enfrentar las diversas circunstancias que la vida pueda presentarnos. Esto implica desarrollar competencias en múltiples áreas: físicas, mentales, intelectuales, académicas, espirituales y sociales. La verdadera competencia se encuentra en la capacidad de responder adecuadamente a los desafíos de la vida, habiéndonos preparado en todos estos aspectos de manera integral.

En última instancia, desarrollar nuestras habilidades y competencias es un acto de responsabilidad hacia nosotros mismos y hacia quienes nos rodean. Al invertir en nuestro propio crecimiento, estamos mejor equipados para servir a los demás y para cumplir con el propósito más elevado que Dios ha trazado para nuestras vidas. Que este compromiso con la excelencia nos guíe siempre, llevándonos a nuevas alturas en nuestro viaje personal y espiritual. Solo a través de este esfuerzo integral podremos proclamarnos hábiles y competentes, no solo en un área específica, sino en todas las facetas que conforman nuestra existencia.

Reflexión final:

El desarrollo de habilidades y competencias es un principio fundamental en la vida de todo ser humano, y este proceso no solo tiene un impacto en nuestra vida diaria, sino que también es un mandato divino. Dios nos ha dotado de talentos y capacidades específicas, y espera que las pongamos en práctica y las desarrollemos para Su gloria y para el beneficio de otros. La Biblia nos enseña que el crecimiento personal es un reflejo de la obra de Dios en nosotros, y es a través de la disciplina, la diligencia y el esfuerzo constante que podemos alcanzar todo nuestro potencial.

En la parábola de los talentos, Jesús nos muestra la importancia de ser buenos administradores de las habilidades que Dios nos ha dado:

"Porque al que tiene, le será dado, y tendrá en abundancia. Y al que no tiene, aun lo que tiene, le será quitado" Mateo 25:29 (RV 2000).

Esto nos llama a no ser pasivos ni negligentes con lo que hemos recibido, sino a multiplicarlo a través del trabajo diligente.

Además, el apóstol Pablo nos exhorta a ***"Procura con diligencia presentarte a Dios aprobado, como obrero que no tiene de qué avergonzarse, que expone bien la palabra de verdad"*** 2 Timoteo 2:15 (RV 2000).

Este versículo subraya la necesidad de cultivar nuestras competencias con dedicación y esmero, sabiendo que lo que hacemos es para honrar a Dios y cumplir Su propósito en nuestras vidas.

El libro de Proverbios nos recuerda que ***"Los planes del diligente tienden a la abundancia, pero la prisa excesiva, a la pobreza"*** Proverbios 21:5 (RV 2000).

Este pasaje nos advierte contra la imprudencia y la falta de planificación, animándonos a ser constantes y disciplinados en el desarrollo de nuestras habilidades.

El desarrollo de habilidades y competencias no es solo una cuestión de superación personal, sino un acto de obediencia y adoración a Dios. Al trabajar con diligencia y utilizar los dones que hemos recibido, no solo estamos asegurando nuestro propio crecimiento, sino que también estamos contribuyendo al avance del Reino de Dios y sirviendo como luz para los demás.

Superando limitaciones y creencias limitantes.

El camino hacia el crecimiento personal está lleno de desafíos, y entre los más significativos se encuentran las limitaciones y creencias limitantes que hemos acumulado a lo largo del tiempo. Estas creencias, muchas veces inconscientes, actúan como barreras que frenan nuestro progreso, nos impiden alcanzar nuestras metas y nos mantienen atrapados en un ciclo de autolimitación. Sin embargo, estas restricciones no son definitivas ni inamovibles; con el enfoque correcto, pueden ser superadas.

A mi modo de ver, una de las mayores barreras para la consecución y edificación del crecimiento personal son precisamente estas limitaciones y creencias limitantes que, consciente o inconscientemente, nos imponemos. Estas limitaciones no tienen nada que ver con la capacidad física o intelectual, siempre que no existan discapacidades que afecten estas áreas. Me refiero a aquellas personas que, aunque no padecen ninguna discapacidad física o intelectual, se autoimponen restricciones con afirmaciones que les impiden tomar las iniciativas necesarias para avanzar en su crecimiento personal.

Superar estas limitaciones comienza con la conciencia de que nuestras percepciones sobre lo que es posible o no pueden estar profundamente influenciadas por experiencias pasadas, educación o expectativas sociales. Es frecuente encontrar individuos que, antes de intentar algo, de iniciar un proyecto o de embarcarse en una nueva etapa de su vida, aceptan creencias negativas como: "No voy a poder," "No soy bueno para esto," "Nunca lo lograré," "Es demasiado difícil para mí," o "Esto demanda más de lo que puedo dar." Estas afirmaciones, totalmente negativas, son una receta segura para el fracaso, ya que impiden un crecimiento personal efectivo y dificultan la superación de obstáculos que puedan surgir en el camino hacia la consecución de objetivos concretos.

El siguiente paso es reemplazar las creencias limitantes por pensamientos que fomenten el crecimiento. Esto implica reprogramar nuestra mente para ver el potencial en lugar de los obstáculos. Para superar estas barreras, es necesario que nuestra mente consciente entrene a nuestro subconsciente, convenciéndonos de que lo que hemos decidido hacer, podemos lograrlo. Cambiar la narrativa interna de "no puedo" a "puedo intentar" abre un mundo de posibilidades. Debemos asegurarnos de que no hay nada que nos impida alcanzar lo que nos hemos propuesto, y que ninguna fuerza externa podrá interponerse entre nosotros y nuestros objetivos. Tenemos todas las capacidades y competencias para triunfar, y si carecemos de alguna, debemos comprometernos a adquirirla.

Si es necesario capacitarse, debemos hacerlo con la convicción de que, al final, lo lograremos.

Además, es crucial rodearse de un entorno que apoye este proceso de cambio. Las personas y las influencias que nos rodean juegan un papel fundamental en la formación de nuestras creencias. Adoptar una mentalidad de crecimiento, donde se valora el esfuerzo y el aprendizaje continuo, permite transformar las barreras en escalones hacia el éxito. Al buscar relaciones y entornos que nos inspiren y nos impulsen a crecer, podemos alimentar nuestra mente con perspectivas positivas y motivadoras, que refuercen nuestro deseo de superar cualquier limitación autoimpuesta.

Superar limitaciones y creencias limitantes es un proceso que requiere auto-reflexión constante y acción. Esta mentalidad de determinación es fundamental: si la carreta con sus bueyes no avanza, la empujamos; y si no podemos con las manos, la empujamos con los pies. Al tomar medidas pequeñas pero consistentes para desafiar nuestras creencias, empezamos a experimentar avances que nos motivan a seguir adelante. Cada paso hacia adelante, por pequeño que sea, es una victoria contra las limitaciones que una vez parecían inamovibles.

Superar limitaciones y creencias limitantes es un viaje hacia la liberación personal. Es el proceso de romper las cadenas invisibles que nos atan, permitiendo que nuestra verdadera esencia y potencial emerjan y florezcan. A lo largo del desarrollo de este libro, hemos presentado indicaciones clave para fortalecer nuestra mente y espíritu, equipándonos con las herramientas necesarias para lograr la victoria en todo lo que emprendamos. Debemos estar preparados para luchar contra las barreras que nosotros mismos, de manera consciente o inconsciente, podemos crear. Recuerda: puedes lograrlo, porque estás dotado de todas las capacidades y herramientas necesarias para triunfar. Y lo más importante, debes creerlo.

Reflexión final:

En el proceso de crecimiento personal, es fundamental reconocer que nuestras limitaciones y creencias limitantes no deben definirnos ni detenernos en nuestro camino hacia la realización de nuestros propósitos. La Biblia nos enseña que, a través de la fe en Dios, podemos superar cualquier barrera que se nos presente.

En Filipenses 4:13, encontramos la promesa de fortaleza y poder que nos sostiene:

"Todo lo puedo en Cristo que me fortalece."
Filipenses 4:13 (RV 2000)

Esta declaración nos recuerda que no hay obstáculo demasiado grande ni reto demasiado difícil cuando confiamos en el poder de Cristo.

Asimismo, la Escritura nos exhorta a renovar nuestra mente y a no conformarnos a las limitaciones que el mundo o nuestras propias experiencias pasadas nos han impuesto. Romanos 12:2 nos dice:

"Y no os conforméis a este mundo, sino transformaos mediante la renovación de vuestro entendimiento, para que podáis comprobar cuál es la buena voluntad de Dios, que es buena, agradable y perfecta." Romanos 12:2 (RV 2000)

Este versículo subraya la importancia de cambiar nuestra manera de pensar, dejando atrás las creencias limitantes y adoptando una mentalidad alineada con los planes de Dios para nuestra vida.

Además, debemos recordar que Dios no nos ha dado un espíritu de cobardía, sino de poder, amor y dominio propio, como nos enseña 2 Timoteo 1:7:

"Porque no nos ha dado Dios espíritu de timidez, sino de fortaleza, de amor y de dominio propio." 2 Timoteo 1:7 (RV 2000)

Este poder, que proviene de Dios, nos capacita para enfrentar y superar cualquier limitación que pueda surgir en nuestro camino.

La fe es un elemento clave para vencer las barreras mentales y emocionales que nos impiden crecer. En Marcos 9:23, Jesús nos dice:

"Y Jesús replico: Si puedes creer, al que cree todo es posible." Marcos 9:23 (RV 2000)

Esta afirmación nos insta a confiar plenamente en Dios, sabiendo que, con fe, podemos superar cualquier creencia limitante y alcanzar el potencial que Dios ha puesto en nosotros.

Superar limitaciones y creencias limitantes es un acto de fe y obediencia a la Palabra de Dios. Es reconocer que, aunque nuestras fuerzas humanas pueden ser insuficientes, en Cristo encontramos la fortaleza necesaria para triunfar. Al renovar nuestra mente y confiar en las promesas de Dios, podemos romper las cadenas que nos atan y avanzar con determinación hacia el crecimiento personal que Él desea para nosotros.

Aprendiendo de los Errores y Fracasos

La expresión "aprendiendo de los errores y fracasos" sugiere que cada equivocación es una oportunidad valiosa para nuestro crecimiento. No podemos aprender si no nos atrevemos a actuar, si no nos arriesgamos. Aunque tomemos decisiones cuidadosamente, el error siempre es una posibilidad, pero incluso cuando nos equivocamos, lo importante es reconocer que los errores pueden ser una fuente inagotable de aprendizaje y desarrollo personal.

Al cometer un error, lo primero que aprendemos es que ese no era el camino correcto, lo cual ya nos brinda una enseñanza crucial: saber qué no hacer nos acerca a saber qué hacer. Esta comprensión, si la tomamos en cuenta, nos ayudará a avanzar con mayor seguridad y precisión en el futuro. Dejar de actuar por miedo a cometer errores o por temor al fracaso no es una opción viable si buscamos crecer y evolucionar como personas. El temor a equivocarse no debe paralizarnos, porque una decisión basada en el miedo a fallar solo nos conducirá al estancamiento, impidiéndonos progresar y alcanzar nuestro máximo potencial.

Cometer errores es parte inherente de la condición humana. No hay crecimiento sin acción, y donde hay acción, hay errores. Es inevitable que, en el proceso de intentar y hacer, nos encontremos con obstáculos y fracasos. Sin embargo, el verdadero fracaso no radica en equivocarse, sino en no aprender de las equivocaciones. Cada error es una oportunidad para reflexionar, corregir el rumbo y fortalecernos en el proceso, lo cual contribuye directamente a nuestro crecimiento personal y profesional.

Los fracasos también nos conectan con nuestra humanidad. Nos recuerdan que somos seres en constante evolución, y que la perfección no es un estado final, sino un proceso continuo. Aprender de los fracasos nos enseña lo que el éxito no siempre puede: la humildad para reconocer nuestras limitaciones y la sabiduría para aprender de ellas. Aceptar nuestros errores con una actitud abierta nos permite extraer las lecciones necesarias para mejorar, sin caer en la autocompasión o la frustración. El fracaso solo es realmente fracaso si decidimos no aprender de él.

Es importante reconocer que los fracasos son inevitables en la vida. Las variables no siempre se alinean a nuestro favor, y a veces pasamos por alto factores importantes, lo que puede llevar a un desenlace desfavorable. Sin embargo, lo verdaderamente inteligente es analizar los errores, comprender sus causas y utilizarlos como herramientas para futuros éxitos. Al ver los fracasos no como obstáculos, sino como escalones que nos acercan al triunfo, adquirimos una perspectiva más realista y equilibrada de la vida. Esta mentalidad no solo nos proporciona resiliencia, sino que también nos equipa para enfrentar desafíos con una actitud constructiva y positiva.

En última instancia, aprender de los errores y fracasos nos transforma en versiones más fuertes y sabias de nosotros mismos. Cada tropiezo es una oportunidad para levantarnos con mayor conocimiento, con una visión más clara y con una voluntad renovada para seguir avanzando hacia nuestras metas. Al final, nuestros fracasos no nos definen; lo que realmente nos define es nuestra capacidad para aprender, adaptarnos y crecer a partir de ellos. En este proceso de continuo aprendizaje, encontramos la verdadera esencia del crecimiento personal.

Reflexión final:

En el contexto del crecimiento personal, los errores y fracasos no son obstáculos permanentes, sino oportunidades para aprender, corregir y avanzar con mayor sabiduría. La Biblia nos enseña que el fracaso y el error son parte del proceso humano, pero que, a través de ellos, podemos experimentar un crecimiento más profundo si confiamos en Dios y aprendemos de nuestras experiencias.

La Escritura nos anima a ver nuestras caídas como momentos para fortalecer nuestra fe y carácter.

En Proverbios 24:16 (RV 1960), se nos recuerda:

"Porque siete veces cae el justo, y vuelve a levantarse; más los impíos caerán en el mal." Proverbios 24:16 (RV 2000)

Este versículo nos enseña que el verdadero justo no es aquel que nunca cae, sino el que, al caer, se levanta con más fuerza. Aprender de los errores no es solo una habilidad, sino una virtud bíblica que refleja perseverancia y confianza en el plan de Dios.

Salmos 37:23-24 nos brinda una perspectiva alentadora sobre el fracaso:

"Por Jehová son ordenados los pasos del hombre, y él aprueba su camino. Cuando el hombre cayere, no quedará postrado, porque Jehová sostiene su mano. "Salmos 37:23-24 (RV 2000).

Dios siempre está presente para guiarnos y levantarnos cuando fallamos, asegurando que nuestras caídas no sean el fin, sino el comienzo de un nuevo aprendizaje. Este texto refuerza que, aunque tropecemos, Dios no nos deja caer definitivamente, sino que utiliza esos momentos para enseñarnos y ayudarnos a crecer.

La clave para superar los errores y fracasos radica en nuestra capacidad para aprender de ellos y seguir adelante.

En Romanos 5:3-4, el apóstol Pablo nos recuerda que las pruebas y dificultades son parte del crecimiento:

"Y no sólo esto, sino que también nos gloriamos en las tribulaciones, sabiendo que la tribulación produce paciencia; y la paciencia, prueba; y la prueba, esperanza."
Romanos 5:3-4 (RV 2000)

Aquí, se destaca que las dificultades y los fracasos tienen un propósito mayor: desarrollar nuestro carácter y afianzar nuestra esperanza en el futuro.

En conclusión, la Biblia nos enseña que los errores y fracasos forman parte del crecimiento personal. A través de la fe, podemos aprender de ellos, fortalecer nuestro carácter y continuar avanzando hacia el propósito que Dios ha diseñado para nuestras vidas. El fracaso no es el fin, sino una oportunidad para levantarnos con más sabiduría y una confianza renovada en el plan divino.

Recapitulación.

La vida es un viaje de aprendizaje constante. Invertir en nuestro desarrollo personal no solo nos enriquece, sino que también nos permite adaptarnos a un mundo en constante cambio. Al adoptar una mentalidad de aprendizaje, cada experiencia se convierte en una oportunidad para crecer.

El crecimiento real ocurre cuando nos aventuramos más allá de lo familiar. Al enfrentar nuevos desafíos, ampliamos nuestras habilidades y descubrimos nuestro verdadero potencial. La paciencia y la perseverancia son nuestras aliadas en este camino, recordándonos que el progreso puede ser gradual, pero cada paso cuenta.

Conocerse a uno mismo es fundamental para cultivar una mentalidad positiva. Reflexionar sobre nuestras fortalezas y debilidades nos permite establecer metas realistas y adoptar hábitos que nos acerquen a la mejor versión de nosotros mismos.

Los hábitos son la base de nuestro comportamiento. Al incorporar prácticas diarias que fomenten la positividad, como la gratitud y la meditación, creamos un entorno propicio para el crecimiento. Cada pequeño hábito puede tener un impacto significativo en nuestro bienestar general.

La adquisición de nuevas habilidades no solo mejora nuestra autoestima, sino que también nos prepara para enfrentar futuros desafíos. Identificar áreas de mejora y trabajar en ellas nos permite superar limitaciones y creencias que pueden haber frenado nuestro crecimiento.

Es fundamental reconocer las creencias que nos detienen. Al cuestionarlas y desafiarlas, podemos liberarnos de su influencia. La transformación comienza cuando decidimos que somos capaces de más de lo que creemos.

Cada error y fracaso es una lección disfrazada. En lugar de verlos como obstáculos, considerémoslos como oportunidades de aprendizaje. La resiliencia se cultiva en los momentos difíciles, y la reflexión sobre nuestras experiencias nos permite avanzar con mayor sabiduría.

En el contexto de este desarrollo personal, recordamos Proverbios 3:5-6: "Fíate del Señor de todo tu corazón, y no te apoyes en tu prudencia. Reconócelo en todos tus caminos, y Él enderezará tus veredas." Esta enseñanza nos invita a mantener una perspectiva positiva, confiando en que el crecimiento y la dirección en nuestras vidas están guiados por una fuerza superior.

Sabiduría
Atemporal
Sección 4
Felicito Góndola JR

SABIDURÍA ATEMPORAL

Sección 4: Herramientas para la Transformación.

"Recuerda siempre que el mundo necesita lo bueno que sabes hacer".

Compartir tus talentos.

En planteamientos anteriores hemos reflexionado sobre la importancia de descubrir y potenciar nuestras competencias, haciéndonos competentes en aquello que naturalmente hacemos bien, es decir, en nuestros talentos innatos. Aunque no es necesario definir el talento de manera literal, podemos entenderlo como aquello en lo que otros reconocen que destacamos. Ahora, el siguiente paso es compartir esos talentos, porque el valor de un talento no radica en su posesión, sino en su utilización.

Estoy convencido de que si hemos sido dotados con un talento, algo que hacemos mejor en comparación con los demás, es porque ese don debe ponerse al servicio de la comunidad. Más aún si dicho talento contribuye al bienestar, al crecimiento y al cuidado de los demás seres humanos que comparten con nosotros este mundo. Al compartir nuestros talentos, nos conectamos con un propósito más elevado:

impactar positivamente a nuestro entorno y dejar una huella duradera.

Cada uno de nosotros posee talentos únicos, y cuando los unimos con los talentos de otros, se forma un todo. Ese "todo" es esencial para la convivencia y el progreso de la sociedad. La ciencia, la cultura, el arte, el deporte, la política, la religión, la gastronomía y muchas otras áreas necesarias para la existencia humana dependen de las habilidades y dones de cada uno de nosotros. Cuando decidimos compartir lo que tenemos, no solo ofrecemos algo valioso a los demás, sino que también experimentamos un profundo sentido de realización.

Compartir tus talentos es, sin duda, una de las herramientas más poderosas para la transformación. No es suficiente con ser consciente de lo que hacemos bien; es vital ponerlo en práctica y compartirlo para el beneficio común. De este modo, contribuimos al desarrollo de la sociedad a la que pertenecemos. Un talento compartido es una semilla sembrada en los corazones de quienes la reciben, con el potencial de crecer y producir frutos inesperados.

Recuerda siempre que el mundo necesita lo bueno que sabes hacer. Tus habilidades y talentos no solo te pertenecen a ti; son piezas clave en la construcción de un mundo mejor para todos. Cada vez que compartes tus talentos, estás sembrando una semilla que puede germinar en la vida de otros, promoviendo el crecimiento, el bienestar y la transformación de la sociedad. Es en ese acto de dar donde tu esfuerzo se convierte en una fuente de inspiración y ayuda para otros.

Asimismo, compartir nuestros talentos nos invita a la humildad. Nos recuerda que nuestras capacidades, por más excepcionales que sean, no existen en un vacío, sino que forman parte de un tejido social donde el intercambio enriquece a todos. Cuando damos lo mejor de nosotros, también recibimos lecciones, crecimiento y una mayor comprensión de nosotros mismos y de los demás.

En este sentido, compartir tus talentos es una de las herramientas más poderosas para la transformación, tanto personal como colectiva. Es un acto de amor, de generosidad y de confianza en el impacto que puedes tener en el mundo. Así, el círculo virtuoso del dar y recibir se perpetúa, creando un legado que trasciende el tiempo y las circunstancias.

Reflexión final:

En el contexto de las "Herramientas para la Transformación", compartir nuestros talentos no es solo un acto de generosidad, sino una expresión profunda de nuestro propósito en el mundo. La Biblia, como fuente de sabiduría y guía para nuestras vidas, nos enseña que los dones que hemos recibido deben ser compartidos para el beneficio de los demás y para la gloria de Dios. Al utilizar nuestros talentos para servir, estamos cumpliendo con el propósito divino para el cual fuimos creados.

Uno de los textos más claros sobre este principio se encuentra en 1 Pedro 4:10, donde el apóstol nos exhorta:

"Cada uno ponga al servicio de los demás el don que ha recibido, dispensando fielmente las diferentes gracias de Dios." 1 Pedro 4:10 (RV 2000)

Este pasaje nos recuerda que nuestros talentos no son para beneficio personal, sino para el servicio de los demás, y que somos responsables de administrar sabiamente los dones que Dios nos ha concedido. Cuando compartimos lo que hemos recibido, estamos reflejando el amor y la gracia de Dios hacia la comunidad.

Además, en la **Parábola de los Talentos** en **Mateo 25:14-30**, Jesús nos enseña la importancia de usar y multiplicar los dones que nos han sido confiados. El siervo fiel que invierte sus talentos es recompensado, mientras que el que los esconde y no los utiliza es reprendido. Esto nos deja una clara lección: el talento que no se comparte ni se utiliza para el bien, se pierde. En cambio, cuando se comparte, se multiplica y produce frutos abundantes.

El apóstol Pablo también habla sobre la función de los dones en la edificación del cuerpo de Cristo en 1 Corintios 12:4-7:

"Sin embargo, hay diversos dones, pero el Espíritu es el mismo. hay diversos

ministerios, pero el Señor es el mismo. Y hay diversas operaciones, pero Dios, que efectúa todas las cosas en todos, es el mismo. A cada uno le es dada la manifestación del Espíritu para el bien común." 1 Corintios 12:4-7 (RV 2000)

Este pasaje nos recuerda que cada uno de nosotros ha sido dotado con diferentes talentos, todos ellos provistos por el mismo Espíritu, y que son dados para el provecho común. Cada vez que compartimos nuestros talentos, contribuimos a la edificación del cuerpo de Cristo, ayudando a otros a crecer y fortaleciendo la comunidad de fe.

Finalmente, en Romanos 12:6-8, Pablo nos invita a utilizar nuestros talentos conforme a la gracia que nos ha sido dada:

"Y tenemos diferentes dones, según la gracia que nos es dada, si alguno tiene el don profecía, úselo conforme a la medida de la fe; si es de servicio, úselo en servir; el que enseña, en enseñar; el que exhorta, en animar; el que reparte, hágalo generosamente; el que preside, con solicitud; el que hace misericordia, con alegría." Romanos 12:6-8 (RV 2000)

Aquí, vemos cómo la diversidad de talentos debe ser puesta en acción, cada uno cumpliendo con su propósito particular, y todos contribuyendo a un bien mayor.

En conclusión, la Biblia nos enseña que compartir nuestros talentos es una responsabilidad y un acto de amor hacia los demás. Al hacerlo, no solo transformamos nuestras vidas, sino también las vidas de quienes nos rodean, contribuyendo al bienestar común y glorificando a Dios en el proceso.

Tal como está escrito en Hechos 20:35:

"En todo os he enseñado que, trabajando así, se debe ayudar a los necesitados, y recordar las palabras del Señor Jesús: Es más dichoso dar que recibir." Hechos 20:35 (RV 2000)

Cuando damos lo mejor de nosotros, experimentamos una transformación personal y, al mismo tiempo, sembramos en los demás una semilla de cambio que puede florecer en el tiempo.

Comunicación Asertiva y Habilidades Interpersonales.

Para lograr una transformación efectiva en nosotros mismos y en los demás, es imprescindible desarrollar una comunicación asertiva. Este tipo de comunicación es clave para una convivencia saludable, ya que nos permite expresar nuestras ideas y emociones de forma clara y honesta, mientras respetamos las perspectivas de los demás. Nuestra comunicación debe ser sincera, clara y directa, generando confianza y credibilidad en quienes nos escuchan.

La comunicación va mucho más allá de las palabras que pronunciamos. Nuestro cuerpo se convierte en un aliado vital: los gestos, ademanes, el tono y la intensidad de la voz son factores que complementan y refuerzan el mensaje que transmitimos. Cada uno de estos aspectos, cuando se alinean de manera armoniosa, forma parte de una comunicación asertiva, facilitando no solo nuestro crecimiento personal, sino también el de aquellos con quienes interactuamos.

Una comunicación efectiva permite influir positivamente en los demás, construyendo relaciones basadas en el respeto mutuo y la comprensión. Al aprovechar nuestras habilidades interpersonales, como la empatía, la escucha activa y la resolución pacífica de conflictos, creamos un entorno colaborativo. Estas herramientas no solo enriquecen nuestras interacciones, sino que son esenciales para una convivencia constructiva y transformadora.

Cuando utilizamos de manera efectiva nuestras habilidades de comunicación e interpersonales, no solo favorecemos nuestro propio desarrollo, sino también el de quienes comparten nuestro entorno. La comunicación asertiva, combinada con habilidades interpersonales sólidas, se convierte en la base sobre la que se construyen relaciones saludables, creando una convivencia armoniosa que fomenta el bienestar colectivo.

En el contexto de Herramientas para la Transformación, la comunicación asertiva y las habilidades interpersonales se presentan como pilares esenciales para establecer relaciones humanas constructivas. Estos elementos no solo facilitan el entendimiento mutuo, sino que también permiten el crecimiento personal y colectivo, impulsando una transformación profunda tanto en uno mismo como en los demás.

La comunicación asertiva va más allá de expresar nuestras ideas y emociones; implica hacerlo con respeto, claridad y firmeza, sin imponer ni permitir que nos impongan. Es la capacidad de transmitir nuestros pensamientos de manera honesta y directa, valorando tanto nuestras necesidades como las de los otros. Al practicarla, no solo mostramos seguridad en lo que somos y sentimos, sino que también fomentamos un ambiente de confianza donde todos pueden expresarse libremente, favoreciendo el respeto y el entendimiento mutuo.

Por otro lado, las habilidades interpersonales son cruciales para conectar con los demás de manera efectiva. Estas habilidades incluyen la empatía, la capacidad de escuchar, negociar y resolver conflictos de forma pacífica. Son herramientas indispensables en la vida cotidiana, ya que nos ayudan a colaborar en lugar de competir, construir puentes en lugar de levantar barreras, y encontrar soluciones que beneficien a todas las partes involucradas.

Cuando integramos la comunicación asertiva con sólidas habilidades interpersonales, creamos un entorno donde las relaciones humanas pueden prosperar. El intercambio de ideas se vuelve más fluido, los malentendidos disminuyen y se fomenta un ambiente de apoyo mutuo. Estas habilidades no solo mejoran nuestras interacciones, sino que también nos convierten en agentes de cambio, promoviendo el entendimiento y la armonía en cada aspecto de nuestras vidas.

En resumen, la comunicación asertiva y las habilidades interpersonales son herramientas poderosas para la transformación personal y colectiva. Al cultivarlas, nos convertimos en mejores líderes, amigos, compañeros y seres humanos. A través de estas prácticas, transformamos la manera en que nos relacionamos con los demás, contribuyendo a la creación de un entorno más positivo y colaborativo, donde todos pueden prosperar.

Reflexiona final:

La Biblia nos enseña que nuestras palabras y la manera en que nos comunicamos tienen un poder inmenso para edificar o destruir.

Proverbios 15:1 nos recuerda:

"La blanda respuesta quita la ira; más la palabra áspera hace subir el furor."(Proverbios 15:1 (RV 2000).

Este versículo destaca la importancia de una comunicación asertiva, que no busca provocar ni herir, sino transmitir de manera clara y respetuosa nuestras ideas, generando paz y armonía en nuestras relaciones. La comunicación asertiva, basada en el respeto y la sinceridad, es esencial para crear un entorno de confianza y comprensión mutua, donde la transformación personal y colectiva puede florecer.

Además, Efesios 4:29 nos exhorta: ***"Ninguna palabra malsana salga de vuestra boca, sino la que sea buena para edificar, a otros según sea necesario, para que de gracia a los oyentes."*** Efesios 4:29 (RV 2000)

Este llamado bíblico nos invita a utilizar nuestras palabras para edificar a los demás, lo que refleja un corazón lleno de amor y empatía. La comunicación asertiva, respaldada por una conciencia cristiana, nos permite ser instrumentos de transformación en la vida de otros, promoviendo el entendimiento y la edificación mutua en lugar del conflicto.

Las habilidades interpersonales también están profundamente arraigadas en las enseñanzas bíblicas.

Filipenses 2:4 nos instruye:

"No mirando cada uno solo suyo suyo, sino propio, sino también a lo de los otros." Filipenses 2:4 (RV 2000)

Aquí se nos enseña la importancia de la empatía, una habilidad interpersonal clave para conectar con los demás y construir relaciones significativas. La capacidad de escuchar activamente y de comprender las emociones y necesidades de los otros es una herramienta poderosa para la transformación de nuestras relaciones y comunidades.

Jesús, nuestro mayor ejemplo de comunicación asertiva y habilidades interpersonales, siempre supo cuándo hablar con autoridad y cuándo mostrar compasión y empatía.

En Mateo 5:37, Él dice:

"Sino que vuestro Sí sea sí, y vuestro no, sea no. lo que pasa de es esto, procede del maligno." Mateo 5:37 (RV 2000).

Jesús nos llama a una comunicación directa y honesta, pero siempre desde el amor y la verdad, una enseñanza fundamental para la transformación de nuestro carácter y nuestras relaciones.

En conclusión, la Biblia nos enseña que una comunicación asertiva y el desarrollo de habilidades interpersonales son herramientas poderosas que no solo fortalecen nuestras relaciones, sino que también nos permiten cumplir con el llamado divino de ser luz y sal en el mundo. Al practicar estas habilidades con un espíritu cristiano, contribuimos a la edificación de un entorno más armonioso y transformador, tanto para nosotros como para quienes nos rodean.

Como se nos instruye en Colosenses 4:6

"Vuestra palabra sea siempre agradable, sazonada con sal, para que sepáis cómo conviene responder a cada uno." Colosenses 4:6 (RV 2000)

Que nuestras palabras y acciones reflejen siempre la gracia y el amor de Cristo, siendo agentes de cambio en un mundo que necesita transformación.

Resolución de conflictos y manejo de situaciones difíciles.

En nuestro camino hacia el crecimiento personal, es fundamental desarrollar habilidades y competencias para la resolución de conflictos, especialmente en situaciones que pueden considerarse difíciles. Estas habilidades no solo son necesarias para abordar problemas de manera efectiva, sino que también son esenciales para mantener nuestra salud emocional y mental. Enfrentar los conflictos de manera adecuada nos permite transformar desafíos en oportunidades de aprendizaje, construyendo una base sólida para el desarrollo personal y profesional.

La vida está repleta de momentos en los que nos veremos obligados a tomar decisiones sabias frente a conflictos que, sin duda, surgirán. En estas circunstancias, la tolerancia y la empatía se convierten en herramientas vitales para encontrar soluciones adecuadas. No solo se trata de resolver el conflicto, sino también de asegurar que nuestras interacciones mantengan una base de respeto y comprensión mutua. Lo primordial es enfocarnos tanto en nuestro propio bienestar como en el de los demás al enfrentar estas situaciones, evitando que las confrontaciones nos dejen cicatrices emocionales o psicológicas que puedan obstaculizar nuestro crecimiento futuro.

Una clave fundamental en la resolución de conflictos es evaluar cada situación con objetividad. Al analizar el problema con profundidad, muchas veces podemos descubrir que lo que inicialmente parece un gran desafío puede no ser tan insuperable como pensábamos. Mantener la calma es nuestra mejor aliada en estos momentos; tomarse el tiempo para reflexionar antes de actuar es crucial para evitar decisiones impulsivas. Evitar una reacción emocional exagerada permite que el conflicto no se intensifique y nos abre a la posibilidad de encontrar soluciones más creativas y efectivas.

La mejor manera de manejar los conflictos es asegurarnos de que nadie salga lesionado o perjudicado por nuestras decisiones. En este sentido, cultivar una mentalidad reflexiva nos permite abordar los desacuerdos desde un lugar de comprensión y respeto. Es importante recordar que no siempre estamos llamados a "ganar" un conflicto, sino a buscar una solución que minimice el daño y fomente relaciones saludables. Al final, enfrentamos no solo el conflicto en sí, sino también la oportunidad de aprender y crecer a partir de él, convirtiendo una situación difícil en una lección valiosa.

A menudo, los conflictos nos ponen a prueba, revelando nuestras fortalezas y áreas que necesitan desarrollo. La vida está llena de desafíos y momentos de tensión, y saber manejarlos es una habilidad esencial para nuestro crecimiento personal y profesional. La resolución de conflictos no solo implica encontrar una solución a un desacuerdo, sino que también es una oportunidad para el entendimiento mutuo y el fortalecimiento de las relaciones. En este proceso, nos volvemos más resilientes, capaces de enfrentar futuros desafíos con mayor sabiduría y seguridad en nosotros mismos.

Cuando nos enfrentamos a situaciones difíciles, es vital mantener la calma y adoptar una perspectiva objetiva. Escuchar activamente a las partes involucradas nos permite comprender sus puntos de vista y necesidades. A través de la empatía, podemos transformar la confrontación en una conversación constructiva, donde el objetivo no es ganar, sino encontrar un terreno común que beneficie a todos los involucrados. Esta habilidad no solo facilita la resolución del conflicto actual, sino que también mejora nuestras relaciones en el largo plazo.

Además, abordar los conflictos de manera positiva promueve un ambiente de colaboración y respeto. La comunicación asertiva juega un papel crucial en este proceso; expresar nuestros pensamientos y sentimientos de manera clara y respetuosa abre las puertas al diálogo y a la resolución efectiva. Cuando nos comunicamos asertivamente, generamos un clima de confianza donde las diferencias pueden resolverse de manera pacífica y eficiente, sin que se generen resentimientos o tensiones adicionales.

En última instancia, enfrentar y resolver conflictos es un acto de valentía y madurez. Cada situación difícil que navegamos nos brinda la oportunidad de aprender, crecer y fortalecer nuestro carácter. A medida que desarrollamos estas habilidades, no solo transformamos nuestras vidas, sino que también influimos positivamente en nuestro entorno, creando comunidades más armoniosas y resilientes. El verdadero poder de la resolución de conflictos no reside solo en restaurar la paz, sino en la capacidad de transformar el conflicto en una oportunidad para construir algo mejor, tanto en nosotros mismos como en nuestras relaciones con los demás.

Reflexión final:

La Biblia nos ofrece principios profundos y valiosos para la resolución de conflictos y el manejo de situaciones difíciles, los cuales pueden guiarnos en momentos de tensión y confrontación. En *Mateo 5:9* se nos recuerda la importancia de ser pacificadores:

"Bienaventurados los pacificadores, porque ellos serán llamados hijos de Dios". *Mateo 5:9 (RV 2000)*

Esta enseñanza nos invita a no buscar la confrontación, sino la reconciliación, trabajando activamente por la paz en nuestras relaciones.

Asimismo, *Proverbios 15:1* nos exhorta sobre el poder de nuestras palabras:

“La blanda respuesta calma la ira, pero la palabra áspera excita el furor”. *Proverbios 15:1* (RV2000)

Aquí se destaca la importancia de la comunicación asertiva y respetuosa, que promueve la calma y la solución pacífica, en lugar de agravar el conflicto con palabras hirientes o impulsivas.

La empatía, como clave para manejar los conflictos, también tiene su fundamento en las Escrituras. En *Filipenses 2:4*, Pablo nos anima a mirar más allá de nuestros propios intereses:

“No mirando cada uno solo a lo suyo propio, sino también a lo de los otros”. *Filipenses 2:4 (RV 2000)*

Esta actitud de considerar las necesidades y perspectivas de los demás nos ayuda a enfrentar los conflictos desde una postura de comprensión y compasión, permitiendo que el diálogo fluya de manera constructiva.

Por otro lado, el enfoque bíblico también nos llama a actuar con paciencia y sabiduría. *Santiago 1:19* nos instruye:

"Por eso, mis amados hermanos, todo hombre sea pronto para escuchar, lento para hablar, lento para enojarse". *Santiago 1:19 (RV2000)*

La paciencia y la capacidad de escuchar son elementos fundamentales en la resolución de conflictos, ya que nos permiten entender mejor la situación y responder de manera adecuada, evitando reacciones precipitadas que solo empeoren el problema.

Finalmente, en *Romanos 12:18* se nos aconseja:

"En lo posible, en cuanto dependa de vosotros, tened paz con todos". *Romanos 12:18 (RV2000)*

Este llamado a vivir en paz implica un esfuerzo constante por evitar el conflicto innecesario, y cuando este surge, trabajar diligentemente en resolverlo de manera justa y pacífica.

La resolución de conflictos, desde una perspectiva bíblica, no solo nos ayuda a mantener la armonía con los demás, sino que también nos forma como personas de carácter, guiadas por el amor, la sabiduría y la paz que provienen de Dios.

Técnicas para el Manejo del Estrés y la Ansiedad

En un mundo lleno de constantes demandas y responsabilidades, aprender a manejar el estrés y la ansiedad se ha vuelto una habilidad esencial para el bienestar emocional y físico. El estrés, aunque natural en ciertos niveles, puede volverse abrumador si no se maneja adecuadamente, afectando tanto nuestra salud como nuestras relaciones y nuestro rendimiento. En este contexto, desarrollar técnicas efectivas para reducir el impacto del estrés y la ansiedad no solo transforma nuestra calidad de vida, sino que nos permite afrontar los desafíos diarios con mayor resiliencia y claridad mental.

Una de las técnicas más poderosas para el manejo del estrés es la respiración profunda. Este sencillo, pero eficaz ejercicio nos conecta con el momento presente y regula nuestro sistema nervioso. Al enfocarnos en la inhalación y la exhalación, activamos una respuesta de calma que contrarresta los efectos del estrés. La respiración profunda no solo alivia la ansiedad inmediata, sino que también entrena nuestra mente para responder con serenidad ante las presiones diarias.

Otra técnica útil es la práctica del mindfulness o atención plena, que nos invita a centrar nuestra atención en el aquí y ahora. Con frecuencia, la ansiedad se genera cuando nos preocupamos por el futuro o nos aferramos a problemas del pasado. El mindfulness nos enseña a observar nuestros pensamientos y emociones sin juzgarlos, permitiendo que fluyan sin quedar atrapados en ellos. Esto no solo reduce el estrés, sino que también fomenta una mayor claridad mental para tomar decisiones más acertadas.

El ejercicio físico también juega un papel fundamental en el manejo del estrés. Actividades como caminar, correr, nadar o practicar yoga no solo benefician nuestro cuerpo, sino que liberan endorfinas, las llamadas "hormonas de la felicidad", que nos hacen sentir mejor y más equilibrados. Incorporar el ejercicio regular en nuestra rutina no solo nos ayuda a liberar tensiones acumuladas, sino que nos proporciona una sensación de logro y bienestar general.

Otra técnica que merece atención es la organización del tiempo y el establecimiento de prioridades. A menudo, el estrés surge cuando nos sentimos abrumados por la cantidad de tareas o responsabilidades que enfrentamos. Planificar nuestras actividades y establecer metas claras nos ayuda a mantener el control de la situación, evitando el caos y la sobrecarga mental. Dividir grandes proyectos en tareas más pequeñas y manejables no solo reduce la sensación de abrumo, sino que también nos permite avanzar de manera progresiva y efectiva.

El autocuidado es otra herramienta clave en la gestión del estrés y la ansiedad. Dedicar tiempo a actividades que nos resulten placenteras y relajantes, como leer, escuchar música o pasar tiempo en la naturaleza, recarga nuestras energías y nos ayuda a desconectar de las presiones cotidianas. El descanso adecuado, el sueño de calidad y la alimentación balanceada también son componentes esenciales de un estilo de vida que promueve el bienestar integral.

El poder de la mente también juega un papel crucial en el manejo del estrés. El uso de afirmaciones positivas y la visualización creativa son técnicas que nos ayudan a reprogramar nuestra respuesta ante el estrés. En lugar de enfocarnos en pensamientos negativos o en escenarios catastróficos, podemos entrenar nuestra mente para visualizar soluciones, calma y éxito. Estas técnicas no solo reducen la ansiedad, sino que también fortalecen nuestra capacidad para enfrentar desafíos con una actitud más optimista y confiada.

El apoyo social es una herramienta invaluable en la gestión del estrés. Hablar con amigos, familiares o incluso profesionales de la salud mental nos permite desahogarnos y recibir perspectivas externas que pueden ayudarnos a ver las situaciones desde un ángulo diferente. El simple hecho de compartir nuestras preocupaciones aligerar la carga y nos recuerda que no estamos solos en nuestras dificultades.

En resumen, las técnicas para el manejo del estrés y la ansiedad son variadas y poderosas. Desde la respiración profunda hasta la organización del tiempo, pasando por el ejercicio físico, el autocuidado, la atención plena y el apoyo social, cada una de estas herramientas nos ofrece la posibilidad de transformar nuestra respuesta al estrés. Al desarrollar y practicar estas técnicas, no solo reducimos la carga emocional que el estrés impone en nuestra vida, sino que también fortalecemos nuestro carácter, nuestra salud y nuestro bienestar general, permitiéndonos enfrentar los desafíos de la vida con una mayor paz interior y claridad mental.

Reflexión final:

Recordándonos que la paz y el descanso espiritual están a nuestro alcance cuando confiamos en Dios. En *Filipenses 4:6-7*, se nos dice:

"Por nada estéis afanosos, sino presentad vuestros pedidos a Dios en oración, ruego y acción de gracias. Y la paz de Dios, que supera todo entendimiento, guardará vuestros corazón y vuestros pensamientos en Cristo Jesús". *Filipenses 4:6-7 (RV 2000)*

Este pasaje nos invita a entregar nuestras ansiedades al Señor a través de la oración, sabiendo que Él nos proporcionará una paz que trasciende cualquier circunstancia.

Asimismo, en *Mateo 11:28-30*, Jesús nos da un llamado a encontrar descanso en Él:

"Venid a mí todos los que estáis fatigados y cargados, y yo os haré descansar. Llevad mi yugo sobre vosotros, y aprended de mí, que soy manso y humilde de corazón; y hallaréis descanso. Porque mi yugo es fácil, y ligera mi carga". *Mateo 11:28-30 (RV 2000)*

Aquí, Jesús nos promete alivio del peso del estrés y las preocupaciones de la vida, invitándonos a encontrar reposo en su amor y guía.

Otro pasaje relevante es *Isaías 26:3*, que nos recuerda la conexión entre la confianza en Dios y la paz mental:

"Tú guardas en completa paz al que perseveran pensando en ti, porque en ti confía". *Isaías 26:3 (RV 2000)*

Este versículo destaca la importancia de mantener nuestra mente enfocada en Dios, quien nos brinda paz perfecta incluso en medio de las circunstancias más estresantes.

También en *1 Pedro 5:7*, encontramos una instrucción clara:

"Echad toda vuestra ansiedad sobre él, porque el cuida de vosotros". *1 Pedro 5:7 (RV 2000)*

Este texto nos recuerda que no estamos solos en nuestras luchas y que Dios cuida de nosotros. Nos invita a dejar de cargar nuestras preocupaciones por nuestra cuenta, confiando en que el Señor está atento a nuestras necesidades y dispuestos a ayudarnos.

En *Salmos 55:22* leemos:

"Echa sobre el Señor tu carga, y él te sustentará, jamas deja caído al justo". *Salmos 55:22* (RV 2000)

Este versículo refleja el carácter compasivo de Dios, quien sostiene a los que confían en Él, garantizando que, aunque enfrentemos momentos de estrés y ansiedad, no seremos abandonados.

A través de estas Escrituras, vemos que las enseñanzas bíblicas no solo reconocen la realidad del estrés y la ansiedad, sino que también nos ofrecen herramientas espirituales poderosas para manejarlas. Al confiar en Dios, practicar la oración y mantener nuestra mente enfocada en Su paz, encontramos una fuente constante de fortaleza y calma que transforma nuestra manera de enfrentar las dificultades de la vida.

Habilidades para la Toma de Decisiones y el Liderazgo

En nuestro camino hacia la transformación personal, el desarrollo de habilidades para la toma de decisiones y el liderazgo se convierte en una herramienta esencial. La capacidad de tomar decisiones acertadas y guiar a otros en medio de la incertidumbre es una cualidad que no solo define nuestro éxito personal, sino que también impacta de manera positiva en quienes nos rodean. Liderar no significa simplemente tener el control, sino ser capaz de inspirar, servir y dirigir con sabiduría.

La toma de decisiones, en su esencia, es un acto de responsabilidad. Cada decisión que tomamos, por pequeña que parezca, tiene consecuencias que influyen en el curso de nuestras vidas y las de los demás. Para ello, es fundamental desarrollar una capacidad de análisis profundo que nos permita evaluar las diferentes opciones y consecuencias antes de actuar. Esto requiere, ante todo, claridad mental, una cualidad que puede ser cultivada a través de la reflexión y la búsqueda de conocimiento.

El liderazgo, por otro lado, va más allá de la autoridad o el poder. Un verdadero líder es aquel que se preocupa por el bienestar de los demás y que actúa con integridad y empatía. El liderazgo efectivo nace de la habilidad para escuchar, entender las necesidades de los demás y guiarlos hacia un objetivo común. Es una habilidad que se perfecciona a través de la experiencia, el servicio y la humildad. Ser líder implica estar dispuesto a servir y ser el primero en enfrentar los desafíos con valentía y determinación.

Uno de los aspectos más importantes en la toma de decisiones es el autocontrol. En situaciones de presión o conflicto, nuestra capacidad para mantener la calma y evaluar los hechos objetivamente puede marcar la diferencia entre una decisión impulsiva y una acertada. Desarrollar este tipo de autocontrol requiere práctica y autoconocimiento. Aprender a identificar nuestras emociones y no dejarnos llevar por ellas en momentos críticos es fundamental para el liderazgo y la toma de decisiones efectivas.

Además, el liderazgo también requiere visión. Un buen líder es capaz de ver más allá de las circunstancias inmediatas y anticipar posibles futuros. Esta capacidad de visión nos ayuda a tomar decisiones estratégicas que no solo benefician el presente, sino que también preparan el camino para un futuro más sólido. Tener una visión clara nos permite mantenernos enfocados en nuestras metas, incluso cuando surgen dificultades o distracciones.

La toma de decisiones y el liderazgo también están íntimamente ligados a la comunicación. Un líder eficaz debe ser capaz de expresar sus ideas y decisiones de manera clara y persuasiva, asegurando que quienes lo rodean comprendan sus intenciones y propósitos. La comunicación no se trata solo de hablar, sino también de escuchar activamente. A través de una escucha empática, los líderes pueden entender mejor las preocupaciones y perspectivas de los demás, lo que a su vez facilita la toma de decisiones más informadas y equilibradas.

Otro componente clave del liderazgo es la adaptabilidad. En un mundo en constante cambio, la habilidad para ajustarse a nuevas circunstancias es crucial. Los líderes exitosos son aquellos que no se aferran rígidamente a un solo plan, sino que son capaces de modificar su enfoque según las necesidades del momento. Esta flexibilidad no es un signo de debilidad, sino una fortaleza que demuestra la capacidad de manejar la incertidumbre con sabiduría y confianza.

La toma de decisiones y el liderazgo, además, requieren una base sólida de valores y principios. Sin una brújula moral, las decisiones pueden fácilmente desviarse hacia intereses egoístas o dañinos. Los grandes líderes son aquellos que se mantienen firmes en sus principios, tomando decisiones que no solo les beneficien a ellos, sino que también promuevan el bienestar colectivo. La integridad, la justicia y la compasión son cualidades esenciales que deben guiar cada decisión y cada acción de un líder.

En última instancia, el liderazgo auténtico y la toma de decisiones efectivas son herramientas que transforman tanto nuestra vida como la de quienes nos rodean. Cuando desarrollamos estas habilidades, nos capacitamos para enfrentar con éxito los desafíos del día a día, inspirar a otros y construir un entorno donde florezcan la confianza y la colaboración. Convertirnos en mejores líderes y tomadores de decisiones no es un destino final, sino un proceso continuo de aprendizaje y crecimiento.

Reflexión final:

La Biblia nos ofrece principios profundos sobre la toma de decisiones y el liderazgo que pueden guiarnos en nuestra transformación personal. En *Proverbios 3:5-6*, encontramos un recordatorio fundamental sobre la importancia de confiar en Dios al tomar decisiones:

"Fíate del Señor de todo tu corazón, y no te apoyes en tu prudencia. Reconócelo en todos tus caminos, y él enderezará tus veredas". *Proverbios 3:5-6 (RV 2000).*

Este pasaje nos enseña a no depender únicamente de nuestra propia sabiduría, sino a buscar la dirección de Dios en cada decisión que tomemos.

Otro ejemplo clave lo hallamos en la vida de Salomón, quien, al ser nombrado rey, pidió sabiduría a Dios para gobernar con justicia y tomar decisiones acertadas. En *1 Reyes 3:9*, Salomón oró diciendo:

“Así, da tu siervo corazón entendido para juzgar a tu pueblo, para discernir entre lo bueno y lo malo. Porque, ¿quién podrá gobernar a este tu pueblo tan grande”. *1 Reyes 3:9*, (RV 2000)

Este pasaje subraya que el liderazgo efectivo proviene de un corazón sabio y comprensivo, cualidades que solo Dios puede otorgar.

Además, en *Santiago 1:5*, se nos alienta a buscar sabiduría en Dios cuando enfrentamos decisiones difíciles:

“Si alguno necesita sabiduría, pídala a Dios, quien da a todos generosamente, y sin reprochar. Y le será dada”. *Santiago 1:5 (RV 2000)*

Aquí, se nos recuerda que Dios está dispuesto a darnos la sabiduría necesaria para liderar y decidir correctamente si la pedimos con fe.

El liderazgo también requiere humildad y un espíritu de servicio, cualidades que Jesús destacó como esenciales para quienes desean guiar a otros. En *Mateo 20:26-28*, Jesús enseñó:

"Pero entre vosotros, no será así. Al contrario, el que desee ser grande entre vosotros, debe ser vuestro servidor. y el que quiera ser el primero entre vosotros, deberá ser vuestro siervo. Así como el Hijo del Hombre no vino para ser servido, sino para servir, y dar su vida en rescate por muchos". *Mateo 20:26-28 (RV 2000)*

Este enfoque servicial es un principio bíblico central para el liderazgo verdadero: liderar con amor, compasión y un deseo sincero de ayudar a los demás.

Otro pasaje que refuerza la importancia del liderazgo con integridad lo encontramos en *1 Timoteo 3:1-2*, donde Pablo describe las cualidades de un buen líder en la iglesia:

"Palabra fiel: Si alguno aspira al cargo obispo, buena obra desea. Es necesario que el obispo sea irreprensible, esposo de una sola mujer, sobrio, prudente, decoroso, hospedador, apto para enseñar". *1 Timoteo 3:1-2 (RV 2000)*

Aquí, vemos que la prudencia, el autocontrol y la capacidad de enseñar son virtudes esenciales para liderar con éxito.

En *Josué 1:9*, Dios le dio a Josué una de las directrices más poderosas para el liderazgo:

"Mira que te mando que te esfuerces y seas valiente. no temas, ni desmayes, porque yo, el Señor tu Dios, estaré contigo dondequiera que vayas". *Josué 1:9 RV (2000)*

Este versículo nos recuerda que el liderazgo también requiere coraje y confianza en la presencia constante de Dios, quien nos guía y fortalece en cada paso.

A través de estos principios bíblicos, se nos revela que las habilidades para la toma de decisiones y el liderazgo no se desarrollan únicamente a través de la experiencia humana, sino que son fortalecidas por la sabiduría divina. Cuando confiamos en Dios, actuamos con integridad y nos comprometemos a servir a los demás, transformamos no solo nuestras vidas, sino también las de quienes nos rodean, guiándolos con sabiduría y amor hacia un propósito mayor.

Recapitulación:

A lo largo de esta sección, hemos explorado un conjunto de herramientas fundamentales para el crecimiento personal y la transformación, basadas en principios bíblicos y habilidades prácticas. Estas herramientas no solo nos permiten mejorar nuestras relaciones y nuestro liderazgo, sino también enfrentar los desafíos de la vida con mayor sabiduría y paz. A continuación, recapitulamos los puntos clave:

Los talentos y habilidades que Dios nos ha dado no son solo para nuestro beneficio, sino para ser compartidos con los demás. Al hacerlo, contribuimos al bienestar colectivo y cumplimos con el propósito divino de ser administradores de Sus dones.

La comunicación asertiva es clave para mantener relaciones sanas y efectivas. Desarrollar habilidades interpersonales nos ayuda a conectarnos mejor con los demás, promoviendo el entendimiento mutuo, el respeto y la paz. Estas habilidades se centran en hablar la verdad con amor y en escuchar con empatía.

Los conflictos son una parte inevitable de la vida. Sin embargo, aprender a resolverlos de manera pacífica y constructiva es una señal de madurez. Abordar las situaciones difíciles con sabiduría nos permite encontrar soluciones justas y fortalecer nuestras relaciones, siguiendo el llamado bíblico a ser pacificadores.

En tiempos de estrés y ansiedad, las Escrituras nos enseñan a buscar la paz de Dios. A través de la oración, la reflexión bíblica y la confianza en que Él cuida de nosotros, podemos superar las tensiones diarias. A su vez, técnicas como la respiración consciente y la meditación en la Palabra nos permiten encontrar calma en medio de las dificultades.

Tomar decisiones acertadas requiere discernimiento y sabiduría, ambas provenientes de una relación cercana con Dios. El liderazgo no solo implica guiar a otros, sino hacerlo con humildad, servicio y una visión clara. Confiar en la guía divina es esencial para tomar decisiones que nos alineen con el propósito de Dios para nuestras vidas.

Cada una de estas herramientas representa un pilar en el proceso de transformación personal. La combinación de habilidades prácticas y principios bíblicos nos capacita para vivir una vida más equilibrada, en paz y con un propósito claro. La verdadera transformación comienza cuando unimos nuestra fe con la acción diaria, y permitimos que Dios moldee nuestro carácter y decisiones a través de Su sabiduría.

Sabiduría
Atemporal
Sección 5
Felicito Góndola JR

SABIDURÍA ATEMPORAL

Sección 5: Conexión Espiritual y Bienestar Integral

"La conexión espiritual nos ofrece un sentido profundo de propósito y dirección. Es en esta unión con Dios donde encontramos la plenitud que anhelamos".

¿Qué significa la conexión espiritual?

Estar conectado con el Espíritu, en particular con el Espíritu de Dios, significa que cada pensamiento, acción y todo nuestro ser estén guiados por su presencia divina. No es simplemente un estado emocional pasajero o un sentimiento superficial de bienestar, sino el reflejo de una vida transformada. Esta conexión es el resultado de haber cultivado virtudes como la paciencia, la bondad, la templanza, el dominio propio, y sobre todo, el amor, bajo la influencia directa de Dios. Es una entrega completa y absoluta a su voluntad, una vida en obediencia que nos lleva a caminar como Cristo caminó, y a actuar no según nuestra propia voluntad, sino dejando que Dios obre a través de nosotros.

La conexión espiritual implica que Cristo vive en nosotros. Es un proceso de rendición total a la autoridad divina, en el cual nuestra visión del mundo se alinea con los ojos del Creador. A través de esta relación profunda con Jesucristo, discernimos la vida desde su perspectiva, viendo el propósito divino en cada situación. Orar, leer las Escrituras, congregarse y consagrarse a Dios son actos que fortalecen este vínculo, permitiendo que los frutos del Espíritu—como el amor, la paz, la mansedumbre y la fe—florezcan en nuestra vida. Estos frutos son las herramientas que Dios nos da para enfrentar las luchas internas entre la carne y el espíritu.

Más allá de lo temporal y lo material, la conexión espiritual nos invita a abandonar lo efímero para seguir lo eterno. Al estar espiritualmente conectados, nos entregamos a Dios por completo—con el alma, la mente y el corazón. Esta relación nos permite experimentar un bienestar integral, que no depende de las circunstancias externas, sino que fluye desde una paz interior profunda, nacida de nuestra comunión con Dios. Es esta paz la que organiza nuestra vida conforme al propósito divino y nos da el equilibrio para vivir de manera plena.

La conexión espiritual también transforma nuestra manera de vivir y de percibir el mundo. Nos invita a ver cada día con gratitud, a actuar con amor, y a cultivar una fe inquebrantable. Al caminar de la mano con Dios, aprendemos a escuchar esa voz interna que nos guía con sabiduría, nos fortalece en los momentos de prueba, y nos impulsa a vivir según principios elevados. Esta es la fuente inagotable de paz, gozo y propósito que ninguna adversidad puede apagar.

Cuando estamos espiritualmente conectados, encontramos en la oración, la meditación y la reflexión en las Escrituras un refugio sagrado. Allí, nuestra alma se alinea con los propósitos eternos de Dios. Este alineamiento no solo impacta nuestra vida espiritual, sino que se extiende a nuestro bienestar mental, emocional y físico, haciendo que todo nuestro ser entre en armonía con la voluntad divina.

Además, estar conectado con el Espíritu nos lleva a discernir las cosas con claridad espiritual. Es ver el mundo con los ojos de Dios, comprender las verdades profundas de su Palabra, y caminar por la vida con una visión renovada. No se trata de una religión o ritual, sino de una relación viva, una comunión constante que nos mueve a amar a Dios sobre todas las cosas, a dejarlo todo por seguirle, y a entregarnos a Él en cuerpo, mente y espíritu.

La conexión espiritual nos ofrece un sentido profundo de propósito y dirección. Es en esta unión con Dios donde encontramos la plenitud que anhelamos. Cada paso que damos en obediencia a su voluntad, cada acto de amor hacia los demás, y cada decisión que tomamos, está impregnado de la sabiduría que proviene de esta conexión. Y es en esa comunión diaria con el Espíritu donde descubrimos el verdadero significado de nuestra existencia y el bienestar integral que trasciende cualquier circunstancia.

Reflexión final:

La conexión espiritual es, en esencia, una relación profunda y transformadora con Dios. Es a través del Espíritu Santo que somos guiados, fortalecidos y llevados a una vida que refleja las virtudes divinas y los frutos del Espíritu. La Biblia nos brinda una clara perspectiva de lo que significa vivir conectados con Dios, y nos muestra cómo este vínculo es la fuente de nuestro bienestar integral: mental, emocional, físico y, sobre todo, espiritual.

Primero, estar conectados con el Espíritu implica permitir que Cristo viva en nosotros. Gálatas 2:20 lo expresa claramente:

"Con Cristo estoy crucificado, y ya no vivo yo, sino que Cristo vive en mí. Y lo que ahora vivo en la carne, lo vivo por la fe en el Hijo de Dios, quien me amó, y se entregó a sí mismo por mí." Gálatas 2:20 (RV 2000)

Esta conexión no solo transforma nuestra manera de vivir, sino que alinea nuestras acciones y pensamientos con la voluntad divina, permitiéndonos caminar según los pasos de Cristo.

Además, la conexión espiritual nos capacita para vivir conforme a los frutos del Espíritu, los cuales son descritos en Gálatas 5:22-23:

"Pero el fruto del Espíritu es: amor, gozo, paz, paciencia, benignidad, bondad, fidelidad, mansedumbre, dominio propio. Contra estas virtudes, no hay ley." Gálatas 5:22-23 (RV 2000)

Estos frutos son el resultado visible de una vida guiada por el Espíritu Santo, y son fundamentales para alcanzar un bienestar integral en todos los aspectos de nuestra vida.

La Biblia también nos enseña que esta conexión con Dios no depende de las circunstancias externas, sino que es una paz interior que nace de nuestra relación con Él. Filipenses 4:7 nos asegura:

"Y la paz de Dios, que supera todo entendimiento, guardara vuestro corazón y vuestros pensamientos en Cristo Jesús". Filipenses 4:7 (RV 2000)

La oración y la meditación en la Palabra son esenciales para mantener esta conexión espiritual. Jesús mismo nos da el ejemplo en Mateo 6:6:

"Cuando tú ores, entra en tu aposento, cierra tu puerta, y ora a tu Padre que está en secreto. Y tu Padre que ve en secreto, te recompensará." Mateo 6:6 (RV 2000)

A través de la oración, fortalecemos nuestra relación con Dios y encontramos la guía que necesitamos para vivir conforme a su voluntad.

Romanos 12:1 nos invita a rendirnos completamente a Dios, a fin de experimentar una transformación total:

"Así, hermanos, por la tierna misericordias de Dios, os ruego que presentéis vuestro

cuerpo en sacrificio vivo, santo, agradable a Dios, que es vuestro culto espiritual". Romanos 12:1 (RV 2000)

Esta entrega es el resultado directo de una conexión espiritual auténtica, que nos lleva a vivir según el propósito divino.

Por lo tanto, una verdadera conexión espiritual nos transforma por completo, nos llena de paz y nos capacita para vivir en amor y obediencia a Dios. Nos ofrece el bienestar integral que tanto anhelamos, pues cuando estamos alineados con el Espíritu, encontramos en Él la fuente de todo lo que necesitamos: paz, gozo, propósito y una vida plena conforme a los designios de nuestro Creador.

El propósito trascendental de nuestras vidas

"Y no sabéis lo que será mañana. Porque, ¿Qué es vuestra vida? Apenas un vapor que aparece por poco tiempo y pronto se desvanece". Santiago 4:14.

Constantemente enfrentamos una serie de eventos que pueden atentar contra nuestro bienestar, incluyendo desastres naturales, contratiempos sociales, eventos fortuitos y, a veces, incluso atentados directos o indirectos, tanto de otros como de nosotros mismos.

Es innegable que los desastres naturales, impredecibles por naturaleza, en algún momento y lugar cobrarán víctimas. Las controversias sociales, con criminales actuando como actores principales, socavan sin escrúpulos la vida de sus semejantes. Estos actos no buscan el bien común, sino que buscan menoscabar libertades, mostrando un desdén por el bienestar colectivo, lo cual constituye un atentado al que estamos expuestos constantemente.

Metas, sueños y anhelos pueden ser truncados, vidas pueden ser arrebatadas por eventos causados por aquellos que desobedecen la ley y el orden. Esta realidad, en la que nuestros semejantes irrumpen en la intimidad e integridad de otros para obtener lo que no les pertenece, nos acecha y embosca continuamente.

A veces, sin darnos cuenta, nos atacamos a nosotros mismos, siendo víctimas de nuestras propias debilidades, de nuestras bajas pasiones, auto-destruyendo nuestra dignidad. Sucumbir ante esta realidad no debería ser nuestra única opción.

Si logramos discernir el verdadero propósito de nuestras vidas, deberíamos entregarnos completamente a Dios. Vivir agradecidos haciendo aquello que complace a Dios y manifestando la majestuosidad de Cristo Jesús en nuestras vidas. Esto implica no buscar solo la felicidad aparente, sino el gozo del Espíritu Santo, con la certeza de que, pase lo que pase, estamos a salvo con Jesús.

Amar a Dios sobre todas las cosas y al prójimo como a nosotros mismos, orar y buscar la voluntad de Dios en una búsqueda vertical, nos ayuda a eliminar los malos afanes de nuestra existencia. Con la ayuda de Dios y del Espíritu

Santo, las semillas de esos buenos propósitos, cuidadas con obediencia a los mandatos divinos, se transformarán en propósitos que agraden a Dios.

Es evidente que estamos a merced de los acontecimientos de este mundo, pero sin duda alguna, con Dios, tenemos la posibilidad de enfrentarlos y superarlos. El propósito de nuestras vidas radica en vivir con gozo al comprender profundamente nuestra dependencia del Dios vivo, quien resucitó después de haber sido crucificado para pagar nuestras culpas en la cruz del calvario.

Aceptar y vivir convencidos de esta gran verdad nos permite regocijarnos en la esperanza y en las promesas reveladas por Dios a través del Espíritu Santo en su palabra. Anhelamos una nueva tierra perfecta donde reine el amor, nuestra patria celestial.

No malgastemos más tiempo, ya que ningún día está prometido a nadie. Cristo viene, y no sabemos lo que será el mañana. Nuestra vida es como un vapor que aparece por poco tiempo y luego se desvanece. Sin Dios, somos nada y no podemos hacer nada.

Reflexión Final.

El propósito trascendental de nuestras vidas es vivir de acuerdo con la voluntad de Dios, glorificándolo en todo lo que hacemos y siendo luz en el mundo. Este propósito nos invita a una vida de servicio, amor y dedicación a los principios divinos. La Biblia nos ofrece múltiples pasajes que nos guían y reafirman esta misión sagrada.

Dios nos llama a vivir una vida que refleje Su gloria y que esté en comunión constante con Él. En 1 Corintios 10:31, Pablo nos instruye a glorificar a Dios en todas nuestras acciones:

"Así, si coméis, o bebéis, o hacéis otra cosa, hacedlo todo para la gloria de Dios." 1 Corintios 10:31, (RV2000).

Este versículo nos recuerda que cada aspecto de nuestra vida debe estar dedicado a glorificar a Dios y a reflejar Su amor y poder en nuestras acciones diarias.

Jesús nos enseña que debemos ser luz en el mundo, guiando a otros hacia la verdad y el amor de Dios. En Mateo 5:14-16, Jesús dice:

"Vosotros sois la luz del mundo. Una ciudad situada sobre un monte no se puede esconder. Ni se enciende una lámpara y se pone debajo de una caja, sino sobre el candelero, y así alumbra a todos los que están en la casa. Así alumbre vuestra luz ante de los hombres, para que vean vuestras obras buenas, y glorifiquen a vuestro Padre que está en los cielos." Mateo 5:14-16, (RV2000)

Este pasaje nos anima a vivir de manera que nuestras acciones y palabras sean un testimonio de la bondad y la verdad de Dios, influenciando positivamente a quienes nos rodean.

Nuestra relación con Dios es fundamental para cumplir nuestro propósito trascendental. Jesús enfatiza la importancia de permanecer en Él en Juan 15:5:

"Yo soy la vid, vosotros los pámpanos. El que permanece en mí, y yo en él, éste lleva mucho fruto. Porque separados de mí, nada podéis hacer." Juan 15:5, (RV2000)

Este versículo destaca la necesidad de una comunión continua y profunda con nuestro Creador, permitiendo que Su amor y guía fluyan a través de nosotros y nos capaciten para cumplir nuestro propósito.

El amor y el servicio a los demás son manifestaciones esenciales de nuestro propósito. Jesús resume los mandamientos en Marcos 12:30-31:

"Amarás al Señor tu Dios con todo tu corazón, con toda tu alma, con toda tu mente, y todas tus fuerzas. Y el segundo es semejante: Amarás a tu prójimo como a ti mismo. No hay mandamiento mayor que estos". Marcos 12:30-31, (RV2000).

Este amor debe traducirse en acciones de servicio, siguiendo el ejemplo de Jesús, quien demostró humildad y amor incondicional al lavar los pies de sus discípulos.

La misión de compartir el Evangelio y discipular a otros es central a nuestro propósito. Jesús nos da la Gran Comisión en Mateo 28:19-20

"Por tanto, id a todas las naciones, haced discípulos bautizándolos en el nombre del Padre, del Hijo, y del Espíritu Santo. Y enseñadles a obedecer todo lo que os he

mandado. Y yo estoy con vosotros todos los días, hasta el fin del mundo." Mateo 28:19-20, (RV2000).

Participar activamente en esta misión nos permite colaborar con Dios en la expansión de Su reino.

El propósito trascendental de nuestras vidas, según la Biblia, se centra en glorificar a Dios, ser luz en el mundo, vivir en comunión con Él, amar y servir a los demás, y cumplir la Gran Comisión. Al alinearnos con estos principios divinos, encontramos una vida plena, significativa y eterna, cumpliendo el diseño para el cual fuimos creados.

Una experiencia personal con Jesús.

Comienza hablando con Dios sinceramente. La oración es fundamental para establecer una relación personal. Habla con Jesús como lo harías con un amigo cercano, comparte tus alegrías, preocupaciones, y pide guía y fortaleza.

Lee regularmente la Biblia para comprender quién es Jesús, sus enseñanzas y su amor por la humanidad. Los evangelios (Mateo, Marcos, Lucas y Juan) son una excelente forma de conocer más sobre su vida, sus palabras y acciones.

Participa activamente en una comunidad de fe. La iglesia te brindará apoyo, enseñanza, y una comunidad de creyentes con quienes compartir y crecer espiritualmente.

Tómate tiempo para reflexionar sobre tu vida, acciones y cómo podrías acercarte más a Jesús. La meditación puede ayudarte a escuchar la voz de Dios y encontrar claridad espiritual.

Trata de vivir de acuerdo con los principios que Jesús enseñó: amor, compasión, perdón y servicio a los demás. Busca oportunidades para ayudar y mostrar bondad a quienes te rodean.

Permite que tu relación con Jesús transforme tu corazón y tu vida. Esto puede implicar cambios en tu forma de pensar, actuar y tratar a los demás.

Busca la orientación de líderes espirituales maduros y experimentados que puedan ayudarte en tu viaje espiritual y responder a tus preguntas.

El camino espiritual es una experiencia personal y única para cada individuo. No hay un enfoque único y definitivo para conectarse con Jesús, pero estos pasos pueden ser un buen punto de partida. Mantén una mente y un corazón abiertos a medida que te acercas a él.

La relación con Jesús es un viaje continuo. No se trata solo de alcanzar un objetivo, sino de mantener y nutrir esa conexión día a día a lo largo de la vida.

En la intimidad con Dios

"Los atributos invisibles de Dios, su eterno poder y su Divinidad, se ven claramente desde la creación del mundo, y se entienden por las cosas que han sido creadas; de

modo que no tienen excusa". Romanos 1:20. (RV 2000).

El éxito de nuestra vida cristiana se obtiene al permanecer en intimidad con Dios. A través de esta intimidad, conoceremos su carácter y su esencia, lo que nos llevará por caminos hasta ahora desconocidos. Experimentaremos una continua transformación que nos convertirá en verdaderos cristianos.

La intimidad con Dios implica entregar nuestra confianza, abrir nuestro corazón y permitirle que ejerza su voluntad en nosotros. Estando convencidos de que Él es el mejor confidente que tenemos. Esta intimidad exige una absoluta entrega para obtener los conocimientos y la sabiduría que provienen de Dios, entendiendo que no debemos interponer precondiciones ni interpretaciones personales entre Él y nosotros. En esta atmósfera de intimidad, la alabanza debe ser continua, expresada a través de cánticos nuevos y oraciones profundas y fervientes. Pedimos reverentemente permiso para adentrarnos en su palabra y escuchar su voz.

La intimidad con Dios nos mantiene enfocados en su santidad, comprometiéndonos a ser obedientes a sus mandatos divinos. En esta intimidad, declaramos nuestra pequeñez ante su grandeza y reconocemos que Él es el principio y el fin del universo.

Al buscar la verdad en la intimidad con Dios, aceptamos que estamos sujetos a su voluntad. Sin Él, somos nada y no podemos hacer nada. Nos fortalecemos en esta intimidad para enfrentar el conflicto entre el bien y el mal, y así, tener éxito ante las tentaciones de los enemigos de Dios.

En la intimidad con Dios, vemos su naturaleza y sentimos la necesidad de andar como Él anduvo. En este espacio, Él te dirá cosas que solo quiere revelarte a ti, porque te ama como si fueras la única persona a la que amar.

En esta cercanía con Dios, sembramos y cosecharemos los frutos del Espíritu Santo. Todo te será revelado en la intimidad con Él.

Reflexión Final.

La intimidad con Dios es una dimensión esencial de la vida espiritual que nos permite conocerlo más profundamente y experimentar Su amor, paz y guía en nuestras vidas. Este tiempo especial de comunión y cercanía con el Creador es fundamental para nuestro crecimiento espiritual y nuestra relación con Él.

Dios nos llama a acercarnos a Él y a buscar una relación íntima y personal. En Santiago 4:8, se nos anima a acercarnos a Dios con la promesa de que Él se acercará a nosotros:

"Acercaos a Dios, y él se acercará a vosotros. Pecadores, limpiad las manos. Y vosotros, los de doble ánimo, purificad vuestro corazón." Santiago 4:8, (RV2000)

Este versículo nos invita a tomar la iniciativa de buscar a Dios y a purificar nuestros corazones para estar en Su presencia. La intimidad con

Dios requiere un corazón sincero y dispuesto a recibir Su amor y dirección.

La oración es un medio vital para cultivar la intimidad con Dios. Jesús nos enseñó sobre la importancia de orar en secreto, donde podemos tener una comunión directa y personal con nuestro Padre celestial. En Mateo 6:6, Jesús dice:

"Cuando tus ores, entra en tu aposento, cierra tu puerta, y ora a tu Padre que está en secreto. Y tu Padre que ve en secreto, te recompensará." Mateo 6:6, (RV2000)

Este pasaje nos recuerda la importancia de encontrar tiempo y espacio para estar a solas con Dios, lejos de las distracciones, para poder hablar con Él y escuchar Su voz en la quietud.

Dios promete estar siempre con nosotros, y esta presencia constante es una fuente de consuelo y fortaleza. En Salmos 145:18, leemos sobre la cercanía de Dios a todos los que lo invocan:

"El Señor está cerca de todo el que lo invoca, del que lo invoca de veras." Salmos 145:18, (RV2000)

Este versículo nos asegura que cuando buscamos a Dios con un corazón sincero, Él está cerca y dispuesto a escucharnos y ayudarnos en nuestras necesidades.

La intimidad con Dios es una experiencia transformadora que nos permite conocerlo más profundamente y vivir en Su amor y paz. Al acercarnos a Él en oración y con un corazón sincero, experimentamos Su presencia de una manera especial y personal.

Cultivar la intimidad con Dios requiere tiempo, dedicación y un corazón dispuesto a buscar Su rostro. En la quietud de nuestra comunión con Él, encontramos la guía, el consuelo y la fortaleza que necesitamos para nuestras vidas.

Desde el principio, cuando el soplo divino encendió la luz, el universo fue trazado con propósito eterno. Dios es el origen, el fin y el camino, y en su palabra todo encuentra sentido

Desde el principio, cuando el soplo divino encendió la luz, el universo fue trazado con propósito eterno. No hubo azar ni caos, sino un diseño consciente, nacido del corazón de un Creador que todo lo pensó con amor. En ese instante primigenio, cuando la voz de Dios rompió el silencio y dijo: "Sea la luz", se encendió no solo la materia, sino también el sentido mismo de la existencia.

“En el principio creó Dios los cielos y la tierra. La tierra estaba desordenada y vacía, las tinieblas estaban sobre la faz del abismo, y el Espíritu de Dios se movía sobre la faz de las aguas. Dijo Dios: Sea la luz; y fue la luz”. (Génesis 1:1, 3 RV 2000)

Dios es el origen, el fin y el camino. En Él comenzamos, en Él habitamos, y hacia Él nos dirigimos. Todo lo creado lleva la huella de su propósito. Desde la vastedad de las galaxias hasta el suspiro del alma humana, todo cobra sentido cuando se contempla a la luz de su Palabra.

"Porque en él vivimos, y nos movemos, y somos y existimos y como algunos de vuestros poetas dijeron; Linaje suyo somos" (Hechos 17:28 RV 200)

"Yo soy el Alfa y la Omega, dice el Señor Dios, el que es, el que era y que ha de venir, el todopoderoso" (Apocalipsis 1:8 RV 2000)

No estamos aquí por accidente. La vida no es una sucesión vacía de días, sino una travesía sagrada con dirección, significado y destino. La conexión espiritual nos reconcilia con esa verdad: que fuimos pensados, soñados y formados con intención divina.

"Antes de formarte en el seno, te conocí, y antes que nacieras te aparte, y te designe por profeta a las naciones " (Jeremías 1:5 RV 2000)

Por eso, quien se ancla en Dios encuentra rumbo. Quien busca su voz en medio del ruido del mundo halla paz. Y quien se sumerge en su Palabra descubre el mapa de su identidad, su propósito y su destino eterno. En esa conexión profunda con el Creador, florece el bienestar integral: cuerpo, mente y espíritu encuentran equilibrio, armonía y plenitud.

"Otra vez Jesús les dijo: Yo soy la luz del mundo El que me sigue, no andará en tinieblas, sino que tendrá la luz de la vida "(Juan 8:12 RV 2000)

"Amado, yo deseo que tú seas prosperado en todas las cosas, y que tengas salud, así como prospera tu alma" (3 Juan 1:2)

Él rompe cadenas y guía al perdido, la fe abre caminos y la obediencia bendice. La victoria es para los valientes en Dios, y su justicia nunca falla.

En el caminar humano, lleno de tropiezos, caídas, miedos y confusión, hay una certeza luminosa que sostiene al alma: Dios rompe cadenas y guía al perdido. No hay oscuridad tan densa que Él no pueda iluminar, ni esclavitud tan fuerte que Él no pueda romper. Su amor libera, su gracia transforma, y su poder restaura.

"El Espíritu de Dios, el Señor, está sobre mí porque me ungió para predicar buenas nuevas a los pobres. Me envió a vendar a los quebrantados de corazón, a publicar libertad a los cautivos, y a los presos apertura de la cárcel." (Isaías 61:1RV 2000)

Cuando todo parece cerrado, la fe abre caminos. No porque anule las dificultades, sino porque en medio de ellas enciende una visión más alta, una esperanza más fuerte y un paso más firme. La fe no es evasión, es dirección. Y quien cree, avanza, porque sabe que no camina solo.

"Por tanto, os digo que todo lo que pidáis en oración, creed que lo recibiréis, y os vendrá." (Marcos 11:24RV 2000)

A la fe se suma la obediencia, que no es imposición, sino respuesta amorosa a un Dios que sabe lo que es mejor para nosotros. La obediencia no es una carga, es una bendición. Ella abre las puertas de la paz, de la salud espiritual y del bienestar verdadero.

"Y les dijo: Si oyes atentamente la voz del Señor tu Dios, y obras lo recto ante sus ojos; si prestas oído a sus Mandamientos, y guardas todas sus normas, ninguna enfermedad de las que envié a los egipcios te enviaré a ti; porque Yo Soy el Señor, tu sanador." (Éxodo 15:26 RV 2000)

En el camino de la vida espiritual hay batallas, sin duda. Pero la victoria es para los valientes en Dios, aquellos que no se rinden, que luchan de rodillas, que avanzan con fe aunque el horizonte se vea incierto. La valentía en Dios no es orgullo, es dependencia confiada. Y en ese terreno, su justicia nunca falla: llega en su tiempo, defiende al justo y honra al que camina en integridad.

"Mira que te mando que te esfuerces y séas valiente. No temas, ni desmayes; porque Yo el Señor tu Dios, estará contigo donde quiera que vayas." (Josué 1:9RV 2000)

"Porque el Señor ama la rectitud, y no desampara a sus santos. Para siempre serán guardados, pero la descendencia de los impíos será extirpada"
(Salmo 37:28 RV 2000)

La historia de los pueblos canta su fidelidad, y en la prueba, su misericordia se renueva. Quien siembra justicia cosecha paz, quien vive en verdad habita en esperanza.

La historia de los pueblos canta su fidelidad. A través de los siglos, las civilizaciones que buscaron a Dios y caminaron en sus principios dejaron una huella luminosa. Aunque imperfectas, sus relatos reflejan momentos donde la mano del Altísimo se hizo evidente: librándolos del mal, levantándolos del polvo, guiándolos por sendas de justicia. La fidelidad de Dios no es un mito antiguo, sino una verdad que atraviesa generaciones. Cada nación, cada familia y cada individuo que ha confiado en Él pueden testificar que su amor no falla.

"Reconoce, pues, que el Señor es tu Dios; Dios fiel, que guarda el pacto y su constante amor por mil generaciones, los que le aman y guardan sus mandamientos. *(Deuteronomio 7:9 RV 2000).*

Y en la prueba, su misericordia se renueva. Dios no abandona a los suyos en el crisol del dolor. Al contrario, en medio de la aflicción, su gracia se hace más visible, su consuelo más tierno, y su fidelidad más firme. Las pruebas no son el final, sino una estación de crecimiento donde florece la esperanza.

“Gracias al gran amor del Señor, no somos consumidos, porque su compasión nunca falta. ¡Se renueva cada mañana! ¡grande es tu fidelidad!” *(Lamentaciones 3:22-23RV 2000)*

Quien siembra justicia cosecha paz. Esta es una ley espiritual que no falla. La justicia vivida en lo íntimo y en lo público trae como fruto la paz interior, la armonía con los demás y la bendición divina. La vida recta es tierra fértil para el bienestar del alma y del entorno.

“El resultado de la justicia será paz; y el efecto de la rectitud, reposo y seguridad para siempre.” *(Isaías 32:17 RV 2000)*

Quien vive en verdad habita en esperanza. La verdad no solo libera, también da dirección y propósito. El alma que se alinea con la verdad de Dios vive sin máscaras, camina con claridad, y mira el futuro con confianza. La verdad es cimiento seguro para la esperanza que no defrauda.

“La fidelidad brotará de la tierra, y la justicia mirará desde los cielos.” *(Salmo 85:11 RV 2000)*

“Y el Dios de esperanza os llene de todo gozo y paz, al confiar en el para qué abundéis en esperanza por el poder del Espíritu Santo.” **(***Romanos 15:13 RV 2000)*

Aun en lo oculto, Él teje su propósito, levanta al caído y restaura lo roto. La sabiduría sin fidelidad es vana, pero el temor de Dios es el principio del todo.

Aun en lo oculto, Él teje su propósito. Hay momentos en que el alma se siente en pausa, en sombra o en espera. Son instantes donde no se ven resultados, donde las oraciones parecen no tener eco, y donde el corazón anhela respuestas. Sin embargo, allí, en lo invisible, Dios está obrando. Su mano teje en silencio los hilos del propósito eterno. Como el artesano que borda por el reverso del lienzo, Él entrelaza cada experiencia aun las que parecen insignificantes o dolorosas para formar una obra perfecta.

"Tus ojos veían mi embrión, todo eso estaba escrito en tu libro, habías señalado los días de mi vida, cuándo aun no existía ninguno de ellos."
(Salmo 139:16, RV 2000)

Él levanta al caído y restaura lo roto. Dios no solo ve desde lo alto, sino que desciende con compasión para levantar al cansado, al que tropieza, al que llora en soledad. No desecha al herido, no ignora al quebrantado. Lo toma entre sus brazos, lo limpia, lo fortalece, y lo restaura. Donde el mundo desecha, Dios reconstruye. Donde hay ruinas, Él edifica esperanza.

"El Señor sostiene a todos los que caen, y levanta a todos los oprimidos."
(Salmo 145:14RV 2000)

"Él sana a los quebrantados de corazón, y venda sus heridas." (Salmo 147:3) RV 2000)

La sabiduría sin fidelidad es vana. Conocimiento, sin compromiso espiritual, se vuelve arrogancia o ilusión. La verdadera sabiduría no consiste solo en saber, sino en vivir lo que se sabe, con humildad, verdad y fidelidad a Dios. Solo cuando el conocimiento se somete al amor divino, encuentra su verdadero sentido y poder.

El temor de Dios es el principio del todo. Este temor no es miedo paralizante, sino reverencia viva, respeto profundo y confianza obediente. Quien teme a Dios, vive con conciencia de lo eterno. Y esa conciencia eleva la vida, da dirección, y conduce a un bienestar que no depende de las circunstancias. Desde ese temor santo brota la sabiduría, la salud integral y la plenitud del ser.

"El principio de la sabiduría consiste en venerar al Señor. Buen entendimiento tiene todos los que siguen sus mandamientos ¡su alabanza dura para siempre!" (Salmo 111:10 RV 2000).

El amor es más fuerte que la muerte, es un reflejo del amor divino. Su reino es eterno y su salvación segura, pues Cristo es el Verbo, la luz, la vida.

El amor es más fuerte que la muerte. El amor divino, que proviene de Dios, no tiene fin ni límites. Este amor no se ve condicionado por las circunstancias terrenales, ni siquiera por la muerte misma. Mientras que la muerte es el término de la vida física, el amor de Dios atraviesa la barrera de la muerte y la transforma en una puerta a la eternidad. El sacrificio de Cristo en la cruz fue el acto más grande de amor, un amor que rompió las cadenas de la muerte y nos abrió la senda a la vida eterna.

"Porque de tal manera amó Dios al mundo, que dio a su Hijo único, para que todo el que crea en el, no perezca, sino tenga vida eterna." (Juan 3:16 RV 2000)

Es un reflejo del amor divino. El amor humano, por más hermoso que sea, es solo un eco tenue del amor perfecto de Dios. Lo que entendemos por amor en nuestra limitada condición es solo un reflejo de la magnitud del amor divino, que no conoce fronteras. Este amor no solo es generoso, sino que se sacrifica, se entrega, y se muestra en cada acto divino. El amor de Cristo es la expresión máxima de este amor perfecto, revelado en su sacrificio por la humanidad.

"Nosotros hemos conocido el amor que Dios nos tiene, y hemos creído en él. Dios es amor; y el que permanece en el amor, permanece en Dios, y Dios en él." (1 Juan 4:16 RV 2000).

Su reino es eterno y su salvación segura. El reino de Dios no es de este mundo. Es un reino que no se ve con los ojos carnales, pero que se experimenta en lo profundo del corazón de aquellos que le buscan. Este reino es eterno, inquebrantable, y su poder nunca se extinguirá. En Él encontramos la verdadera seguridad, la salvación que no depende de nuestras fuerzas ni de las circunstancias, sino del sacrificio perfecto de Cristo. La salvación es un regalo seguro para todos los que en Él confían.

“Y les dijo: Id por todo el mundo y predicad el evangelio a toda criatura. El que cree y es bautizado, será salvo, pero el que no cree, será condenado.” (Marcos 16:15-16 RV 2000).

“Este es el testimonio: Que Dios nos ha dado vida eterna, y esta vida está en su Hijo.” (1 Juan 5:11RV 2000)

Pues Cristo es el Verbo, la luz, la vida. Cristo no es solo un personaje histórico, sino el principio mismo de la creación, el Verbo eterno que estaba con Dios desde el principio. Él es la luz que ilumina la oscuridad del mundo, y su vida es la fuente de la vida eterna para todos los que creen en Él. No hay vida sin Cristo, no hay luz sin Él. Él es la clave que da sentido a la existencia humana y espiritual. Cristo es la vida misma que trasciende más allá de la muerte.

“En Él estaba la vida, y esa vida era la luz de los hombres. La luz resplandece en las tinieblas y las tinieblas no la vencieron.” (Juan 1:4-5 RV 2000)

“Jesús respondió: Yo soy la resurrección y la vida; el que cree en mí, aunque muera, vivirá.” (Juan 11:25 RV 2000)

El Espíritu de Dios transforma corazones, la gracia redime y la fe sostiene. Quien en Cristo reposa nunca será vencido, quien espera en Él jamás será avergonzado.

El Espíritu de Dios transforma corazones. El Espíritu Santo no solo está presente en la creación o en la historia de la salvación, sino que está profundamente involucrado en la vida cotidiana del creyente. Él trabaja en lo profundo del ser humano, transformando el corazón, renovando la mente y reconfigurando la voluntad. Esta transformación no es solo externa, sino que comienza en lo más íntimo de nuestra naturaleza, cambiando nuestros deseos, pensamientos y acciones. El Espíritu nos capacita para ser nuevas criaturas, llevando en nosotros la esencia del amor y la paz divina.

"Os daré un corazón nuevo, y pondré un espíritu nuevo dentro de vosotros. Quitaré de vuestra carne el corazón de piedra, y os daré un corazón de carne." *(Ezequiel 36:26 RV 2000).*

La gracia redime. La gracia de Dios es el favor inmerecido que nos permite experimentar el perdón y la restauración. Es a través de la gracia que somos redimidos, no por nuestros propios méritos, sino por el sacrificio de Cristo en la cruz. La gracia no solo nos salva del pecado, sino que nos capacita para vivir una vida que refleje la bondad y la santidad de Dios. Es un regalo gratuito, que transforma nuestra identidad y nos reconcilia con el Creador.

"Porque por gracia habéis sido salvos, por la fe. Y esto no proviene de vosotros, sino que es don de Dios." (*Efesios 2:8 RV 2000).*

La fe sostiene. La fe en Cristo es el pilar que nos mantiene firmes en las pruebas y dificultades. La fe no es solo un acto de creencia pasiva, sino una acción constante de confianza y obediencia a Dios. Es en la fe donde encontramos la fuerza para resistir las tentaciones, superar los desafíos y mantener la paz interior. La fe nos da la capacidad de ver más allá de las circunstancias, nos conecta con la voluntad divina y nos sostiene en tiempos de adversidad.

"Porque andamos por la fe, no por vista." *(2 Corintios 5:7 RV 2000)*

"El orgulloso no es recto en su interior, pero el justo vivirá por su fe." *(Habacuc 2:4 RV 2000).*

Quien en Cristo reposa nunca será vencido. El descanso en Cristo es la seguridad de que, a pesar de los desafíos, Él ya ha ganado la victoria. Aquellos que reposan en Él no luchan en su propia fuerza, sino que se apoyan en Su poder. Este reposo no significa inacción, sino confiar plenamente en que Dios dirige nuestras vidas, y que en Él tenemos la victoria asegurada. Con Cristo, siempre seremos más que vencedores, sin importar lo que el mundo nos ponga por delante.

"Todo lo puedo en Cristo que me fortalece." *(Filipenses 4:13 RV RV 2000)*

Quien espera en Él jamás será avergonzado. La espera en Dios nunca será en vano. Aunque en momentos de incertidumbre parezca que las promesas de Dios tardan en cumplirse, aquellos que esperan en Él nunca serán defraudados. La espera en Cristo es la espera de la certeza de que Él cumplirá lo que ha prometido. En Él, nuestra esperanza es segura y eterna, y nunca seremos avergonzados por confiar en Su palabra.

"Pero los que esperan al Señor tendrán nuevas fuerzas; levantarán el vuelo como las águilas; correrán, y no se cansarán; caminarán, y no se fatigarán." *(Isaías 40:31 RV 2000)*

La justicia de Dios es segura, Él exalta al humilde y derriba al soberbio. La fidelidad abre las puertas del cielo, y su amor es inquebrantable.

La justicia de Dios es segura. La justicia de Dios no está sujeta a cambios o variaciones. En un mundo donde la justicia humana puede ser manipulada o incompleta, la justicia divina es perfecta y firme. Dios es el justo juez que no se deja influir por apariencias, sino que juzga con equidad. Su justicia es imparcial, su trato es recto, y su juicio será siempre exacto, revelando la verdad en su totalidad. En la eternidad, Dios hará justicia a todos los que han sido oprimidos, y a través de Su justicia, se restaura el orden divino.

"Porque el señor es justo y ama la justicia.
El recto contemplará su rostro." *(Salmo 11:7 RV 2000)*

Él exalta al humilde y derriba al soberbio. Una de las leyes inquebrantables del reino de Dios es que Él exalta a los humildes y humilla a los soberbios. A lo largo de las escrituras, vemos cómo aquellos que buscan la grandeza en su propio poder y orgullo son finalmente derribados, mientras que aquellos que se humillan y buscan la gloria de Dios son elevados. La humildad ante Dios es una cualidad que Él honra, porque refleja un corazón dispuesto a aprender, a servir y a ser transformado por Su gracia. Dios resiste al que se exalta a sí mismo, pero levanta al que se postra ante Su soberanía.

"Porque el Señor es excelso; y con todo, atiende al humilde, pero al altivo mirará de lejos." *(Salmo 138:6 RV 2000).*

"Porque el que se ensalza será humillado, y el que se humilla será ensalzado." *(Mateo 23:12 RV 2000).*

La fidelidad abre las puertas del cielo. La fidelidad de Dios es una constante fuente de esperanza y confianza. Él es fiel a Sus promesas, y, a través de nuestra fidelidad a Él, experimentamos un acceso directo a Su reino. La fidelidad no solo se refiere a la lealtad de Dios hacia nosotros, sino también a nuestra respuesta a Su amor, manifestada a través de nuestra obediencia y devoción. Al ser fieles, somos partícipes de las bendiciones celestiales, pues la fidelidad a Dios abre puertas que ninguna fuerza en el mundo puede cerrar.

"Si somos fieles, Él permanece fiel. No puede negar a sí mismo." *(2 Timoteo 2:13 RV 2000).*

"El que es fiel en lo muy poco, también en lo más será fiel; y el que en lo muy poco es injusto, también en lo más será injusto" *(Lucas 16:10 RV 2000).*

Su amor es inquebrantable. El amor de Dios es una fuerza que nunca vacila, ni en los momentos de dificultad, ni en las pruebas más intensas. Este amor es eterno y fiel, y nada puede separarnos de Él. Su amor es tan profundo que nos sostiene en todos los momentos de la vida, y su constancia es el refugio que encontramos cuando todo parece desmoronarse. El amor divino no cambia ni se agota, es inquebrantable y nos sostiene de forma permanente.

"Y la esperanza no defrauda, porque el amor de Dios esta vertido en nuestros corazones por medio del Espíritu Santo que nos ha sido dado." *(Romanos 5:5 RV 2000).*

"Porque estoy seguro de que ni la muerte, ni la vida, ni ángeles, ni demonios, ni lo presente, ni lo por venir, ni lo alto, ni lo profundo, ni ninguna otra cosa creada nos podrá separar del amor de Dios que es en Cristo Jesús Señor nuestro." *(Romanos 8:38-39)*

Su poder perfecciona la debilidad, su Espíritu enciende la llama eterna. La verdad resplandece en quien la busca, y la fe sin obras es solo un eco vacío.

Su poder perfecciona la debilidad. La debilidad humana es un concepto universal. Todos enfrentamos momentos de fragilidad, dudas y caídas, pero el poder de Dios no ve en nosotros una limitación, sino una oportunidad para manifestar Su fuerza. La verdadera grandeza de Dios se revela en nuestra debilidad, porque, cuando reconocemos nuestra incapacidad, es cuando Él tiene la oportunidad de obrar. Su poder no nos menosprecia por ser débiles, sino que nos fortalece y nos perfecciona, transformando nuestras debilidades en oportunidades para que Él se glorifique.

"Y me dijo: bástate mi gracia, porque mi poder se perfecciona en la debilidad. Por eso, de buena gana me gloriare más bien en mis debilidades, para que habite en mí el poder de Cristo" *(2 Corintios 12:9 RV 2000).*

" Por eso, por causa de Cristo, me gozo en las debilidades, en afrentas, en necesidades, en persecuciones, en angustias, Porque cuando soy débil, entonces soy fuerte." *(2 Corintios 12:10 RV 2000).*

Su Espíritu enciende la llama eterna. El Espíritu de Dios es el fuego divino que arde en nuestros corazones, alimentando nuestra pasión por la verdad, la justicia y el amor. Esa llama eterna que se enciende en nosotros nos impulsa a vivir de acuerdo con Su voluntad, a buscar lo bueno y lo puro, y a ser testigos de Su poder transformador. Este fuego no es pasajero; es una llama que perdura, que nos guía, nos limpia y nos renueva, recordándonos constantemente que somos llamados a ser luz en medio de la oscuridad.

“Pero vosotros no vivís según la carne, sino según el Espíritu, si es que el Espíritu de Dios habita en vosotros. El que no tiene el Espíritu de Cristo no es de él." *(Romanos 8:9 RV 2000).*

La verdad resplandece en quien la busca. La verdad de Dios es como una luz que ilumina la oscuridad del mundo. Aquellos que buscan sinceramente la verdad encontrarán la claridad que solo Él puede ofrecer. La búsqueda de la verdad no es un camino fácil, pero es el único que nos lleva a la verdadera libertad. El que busca la verdad de Dios en humildad y reverencia encontrará una luz que disipa toda sombra, revelando los propósitos divinos que dan sentido a la vida. La verdad es eterna, constante, y resplandece con la luz de Dios para guiar nuestros pasos.

"Y conoceréis la verdad, y la verdad os libertará." *(Juan 8:32 RV 2000).*

"lámpara es para a mis pies tu palabra, una luz en mi camino." *(Salmo 119:105 RV 2000).*

La fe sin obras es solo un eco vacío. La fe es el fundamento de nuestra vida espiritual, pero debe ser acompañada de acciones que reflejen esa fe. La verdadera fe no se limita a palabras vacías ni a creencias superficiales. Debe ser vivida a través de obras que manifiesten el amor y la obediencia a Dios. La fe sin obras es como un eco que se pierde en el aire, sin dejar huella alguna en el mundo. Las obras son la expresión tangible de nuestra fe interior. Sin ellas, nuestra fe carece de poder transformador y no cumple su propósito divino.

"Así también, si la fe no tiene obras, está muerta." *(Santiago 2:17 RV 2000).*

"hermanos míos, si alguno dice que tiene fe, y no tiene obras ¿de qué sirve? ¿Podrá la fe salvarlo?" *(Santiago 2:14 RV 2000).*

Camina en la luz, pues el tiempo es breve, pelea la buena batalla y no te desvíes. Cristo es el Alfa y la Omega, su victoria es segura y eterna.

Camina en la luz, pues el tiempo es breve. La vida humana es efímera, un suspiro en la eternidad. Por eso, cada momento es valioso, y caminar en la luz de Cristo es vivir con propósito, con dirección. La luz de Cristo no solo nos da claridad en medio de las sombras, sino que nos señala el camino hacia la paz, el bienestar y la verdadera satisfacción. Vivir en la luz es vivir en la verdad, sabiendo que el tiempo aquí en la tierra es limitado y que cada día nos acerca más al cumplimiento de nuestro destino eterno. Por tanto, caminar en esa luz es aprovechar el tiempo sabiamente, buscando siempre lo que edifica y nos acerca a Dios.

"En otro tiempo erais tiniebla, pero ahora sois luz en el Señor. Andad como hijos de luz." *(Efesios 5:8 RV 2000).*

"Otra vez Jesús les dijo: Yo soy la luz del mundo. El que me sigue, no andará en tinieblas, sino que tendrá la luz de la vida." *(Juan 8:12 RV 2000).*

Pelea la buena batalla y no te desvíes. La vida cristiana es una batalla constante, no solo contra las fuerzas externas, sino también contra nuestras propias inclinaciones y debilidades. Sin embargo, la Escritura nos llama a pelear una *buena* batalla, una batalla que vale la pena luchar, pues está basada en la fe y en la obediencia a Dios. La batalla no es fácil, pero es significativa, porque en ella no solo buscamos nuestra propia victoria, sino también glorificar a Dios y cumplir Su propósito para nuestra vida. No podemos permitirnos desviarnos del camino. La tentación de desvíos puede ser grande, pero al mantener nuestros ojos fijos en Cristo, que es nuestra meta y guía, podremos mantenernos firmes.

"Pelea la buena batalla de la fe. Echa mano de la vida eterna, a la que fuiste llamado, cuando hiciste buena confesión ante muchos testigos" *(1 Timoteo 6:12 RV 2000).*

"No te desvíes ni a derecha ni a izquierda, aparta tu pie del mal."
(Proverbios 4:27 RV 2000).

Cristo es el Alfa y la Omega, su victoria es segura y eterna. El principio y el fin de todo en la existencia están en Cristo. Él es el Alfa, el origen de todas las cosas, y la Omega, el cumplimiento final de la creación. Su victoria no es pasajera ni temporal; es eterna y perfecta. En Él, la victoria sobre el pecado y la muerte ya está asegurada, y esa victoria es nuestra cuando permanecemos en Él. No importa cuán intensas sean las luchas que enfrentemos, la victoria final está garantizada porque Cristo ya ha vencido. Al vivir en esa victoria, tenemos la seguridad de que, aunque enfrentemos dificultades, no seremos derrotados.

"Yo soy el Alfa y la Omega, el principio y el fin el primero y el ultimo." *(Apocalipsis 22:13 RV 2000).*

"Estas cosas os he hablado para que en mí tengáis paz. En el mundo tendréis aflicción. Pero tened buen ánimo, yo he vencido al mundo." *(Juan 16:33 RV 2000).*

Y cuando el día llegue a su ocaso, y los tiempos se sellen en gloria, su pueblo cantará por siempre: Santo, Santo, Santo es el Señor.

Este mensaje es un recordatorio de la esperanza eterna que aguarda al pueblo de Dios. Cuando el día de la redención llegue, cuando el tiempo se cumpla en su totalidad y el Señor regrese en gloria, habrá un cántico que jamás cesará. El pueblo de Dios, liberado de las cadenas del sufrimiento y la tristeza, alzará su voz en adoración eterna, proclamando la santidad y la majestuosidad de Su Creador. Este cántico, como una declaración de fe, resonará por siempre, porque reconoceremos la soberanía de Dios sobre todo lo que existe y la plenitud de Su gloria que ha sido revelada en Cristo.

La vida en este mundo es solo una etapa temporal, pero la promesa de la eternidad en la presencia de Dios es el anhelo más profundo de cada ser humano que busca la paz verdadera.

Es un recordatorio de que no estamos solos en nuestras luchas diarias, pues hay una esperanza que trasciende el tiempo, un día en el que seremos parte de un pueblo redimido, proclamando la gloria de Dios por siempre.

"Entonces voló hacia mi uno de los serafines, con una braza encendida en su mano, tomada del altar con una tenaza. Con la braza toco mi boca, y dijo: Mira, esto tocó tus labios, y ha sido quitada tu culpa, y perdonado tu pecado." *(Isaías 6:6-7 RV 2000).*

"Cada uno de los cuatro seres vivientes, tenía seis alas. Alrededor y por dentro estaban llenos de ojos. Y día y noche, decían sin cesar: ¡Santo, Santo, Santo es el Señor Dios Todopoderoso, que era, que es, y que ha de venir!" *(Apocalipsis 4:8 RV 2000).*

El Señor, Santo y Majestuoso, es el Eterno. El canto "Santo, Santo, Santo es el Señor" resuena no solo en el cielo, sino también en los corazones de todos los creyentes. Es una proclamación de la santidad infinita de Dios, cuya pureza y justicia trascienden nuestra comprensión. El hecho de que esta proclamación se haga de forma continua, día y noche, indica la constante adoración que le pertenece a Dios, tanto ahora como en la eternidad. Cuando pensemos en esa gloria futura, en ese momento de exaltación que se vivirá por siempre, debemos comprender que esa adoración constante será un reflejo de Su presencia perfecta.

La santidad de Dios no es solo una cualidad de Su ser, sino también una invitación para nosotros a ser transformados a Su imagen. Vivir con la conciencia de Su santidad nos llama a vivir en pureza, en reverencia, y en un constante deseo de acercarnos a Él. Ese es el viaje del ser humano hacia la plenitud, hacia la restauración final que será alcanzada cuando se cumplan los tiempos y el Señor venga en gloria.

Observar y Empatizar: La Conexión Espiritual con los Demás.

Hace algunos años, vi una película titulada *Paga a Terceros*. En ella, el protagonista, un niño, en una entrevista con un reportero, dejó una reflexión que me impactó profundamente: "Hay que observar más a las personas". En ese momento, el niño explicaba cómo muchas personas no logran alcanzar ciertas cosas en la vida porque tienen miedo; están paralizadas por el temor o el desconcierto. Esta idea resonó en mí porque revela una verdad silenciosa: muchas personas cargan con pesares emocionales que no son evidentes a simple vista. Son almas cargadas, caminantes con heridas invisibles.

Cada día, nos cruzamos con individuos que llevan consigo cicatrices emocionales internas, guardianes de penas ocultas que han aprendido a disimular su sufrimiento. Son resilientes silenciosos, quienes, a pesar de su dolor, avanzan sin mostrar al mundo su lucha interna.

Estas personas podrían ser víctimas de las circunstancias, atrapadas por influencias negativas del entorno o por las adversidades de la vida. A menudo, el peso invisible que cargan no es físico, sino emocional o social, un reflejo de la lucha interna que enfrentan diariamente.

Tal como lo expresa el apóstol Pablo en Romanos 7:15-23, existe una lucha constante en el ser humano entre el deseo de hacer el bien y las fuerzas que nos inclinan al mal. Él describe esta batalla con las palabras: “Realmente, no entiendo lo que me pasa; porque no hago lo que quiero, sino lo que aborrezco... encuentro esta ley: aunque quiero hacer el bien, el mal está en mí. Porque en mi interior me deleito en la Ley de Dios; pero veo en mis miembros otra ley, que lucha contra la ley de mi mente, y me somete a la ley del pecado que está en mis miembros.”

Estos versículos ilustran cómo las cargas internas pueden atraparnos y alejarnos de la paz espiritual que buscamos. Sin embargo, también nos ofrecen una guía sobre cómo debemos responder: con empatía, compasión y acción. La empatía es un puente que conecta almas, un reflejo de la disposición divina en nuestras relaciones humanas. Todos aspiramos a hacer el bien; lo llevamos grabado en el corazón. Sin embargo, como expresó el apóstol Pablo: "Sé que en mí, esto es, en mi carne, no habita el bien. Porque tengo el querer, pero no alcanzo a efectuar lo bueno" (Romanos 7:18). Este conflicto interno nos recuerda nuestras limitaciones humanas, pero también nos desafía a depender de una fuerza superior para trascenderlas.

Empatizar no solo significa comprender el dolor, las luchas y los triunfos del otro, sino también admitir que, aunque deseemos hacer el bien, muchas veces fallamos en nuestras acciones. No obstante, en ese reconocimiento surge la posibilidad de una verdadera conexión, pues al aceptar nuestras imperfecciones, aprendemos a mirar a los demás con ojos de gracia y compasión.

Para fomentar una conexión espiritual y contribuir al bienestar integral, es fundamental observar a las personas con mayor profundidad. Es posible que no podamos aliviar todas sus cargas, pero podemos ofrecer comprensión, perdón y ayuda. Al empatizar con los demás, cumplimos el llamado a ser prójimos según el mandato de Cristo. Nuestra tarea no es juzgar, sino ser canales de amor y esperanza para aquellos que más lo necesitan.

En este proceso, cultivar la empatía requiere humildad, paciencia y apertura para caminar con el otro en sus desafíos, reconociendo nuestras propias limitaciones y buscando en Dios la fortaleza para efectuar lo bueno que deseamos. Como dice la Palabra en Efesios 4:32: “Sed benignos, compasivos unos con otros, perdonándoos unos a otros, como también Dios os perdonó en Cristo”. Así, la gracia de Dios nos capacita para superar nuestras debilidades y nos inspira a empatizar desde el corazón, no como un acto obligado, sino como una expresión genuina de amor.

Cada esfuerzo, aunque imperfecto, nos acerca a reflejar ese amor puro que proviene de lo alto. En este mundo lleno de almas heridas, hagamos de la compasión una práctica diaria. Al observar con profundidad y empatizar con sinceridad, nos convertimos en instrumentos de conexión espiritual y bienestar integral, permitiendo que el amor y la luz divina transformen nuestras vidas y las de quienes nos rodean.

La Urgencia de la Salvación: Nuestra Verdadera Prioridad

Nos ocupamos de muchas cosas en la vida. Nos afanamos por casarnos, formar una familia, obtener una educación, trabajar para vivir mejor, ascender en posiciones a veces de forma lícita y otras no tanto y acumular bienes materiales: un buen teléfono, un lujoso carro, y otras comodidades. Pero, ¿y qué de nuestra salvación? Bajo el punto de vista de la salvación que nos ofrece nuestro Señor Jesucristo, ante el pecado que nos condena y podría llevarnos a la muerte eterna, surge una pregunta fundamental: ¿Qué debería ser el interés primordial del ser humano en un mundo tan distorsionado, donde reinan la maldad y el desasosiego? La pregunta clave es: ¿Deseamos ser salvos?

Desde el principio, Dios, en Su infinita sabiduría, ya tenía un plan de redención para la humanidad. Él siempre ha querido que Su creación, la obra de Sus propias manos, sea salvada. El mayor testimonio de esta verdad es el hecho de que Dios entregó a Su propio Hijo para redimir a la raza humana. Como cristianos, o no, debemos tener mucho cuidado con lo que creemos y cómo vivimos. Nuestra vida debe estar alineada con la ley de Dios, comenzando con el mandamiento de amarlo sobre todas las cosas y no poner a otros "dioses" delante de Él que rijan nuestra vida.

No podemos basar nuestra existencia en nuestros propios preconceptos; debemos vivir en obediencia a Dios, buscando siempre agradarle y velando por nuestra salvación. Esto es aún más crucial hoy, cuando nos enfrentamos a decisiones diarias que impactan nuestro futuro eterno. Es esencial que nuestros pensamientos estén enfocados en la salvación.

Hablar de salvación requiere más concentración y esfuerzo del que muchas personas están dispuestas a invertir. La salvación no es algo que se obtiene sin compromiso. Vivir para Dios implica estar completamente convencido y comprometido, dando un testimonio genuino de fe. Implica entregarse completamente a Él, dejando atrás el egoísmo y el orgullo que nos alejan de Su gracia. Nuestro cuerpo y mente deben estar al servicio del Señor, para que, conectados con Él, podamos reflejar los frutos del Espíritu Santo.

Este proceso solo se logra cuando priorizamos en nuestros planes de vida el conocer a Dios y establecer una relación personal con Él, sin importar el costo. La recompensa es inmensa, pues si perseveramos y somos fieles hasta el final, obtendremos la vida eterna. No pierdas más tiempo, el día de obtener la salvación es hoy, ahora. Mañana no está prometido para nadie.

Pregúntate siempre: ¿Qué pasaría si Dios viniera hoy? ¿Sería salvo? Nunca dejes de hacerte esta pregunta, pues la respuesta determinará tu destino eterno. Recuerda, la puerta de la gracia no estará abierta para siempre; llegará el momento en que el tiempo de oportunidad se agotará. Entonces, ***"El que es injusto siga siendo injusto, y el sucio siga ensuciándose. El justo siga siendo justo, y el santo siga santificándose"*** Apocalipsis 22:11 (RV 2000).

Preocúpate por lo eterno antes que por lo temporal, de manera que las leyes de Cristo queden grabadas en tu mente y corazón. Así, ya no vivirás como un ciudadano de este mundo, sino como un ciudadano de la patria celestial. Como nos exhorta el apóstol Pablo: ***"Por tanto, amados míos, tal como habéis obedecido siempre, no solo en mi presencia, sino mucho más ahora en mi ausencia, ocupaos en vuestra salvación con temor y temblor"*** Filipenses 2:12. (RV 2000)

La salvación está a nuestro alcance, y Dios nos la ofrece día tras día. Acéptala, y será el mayor milagro que recibirás.

La Libertad en Cristo: Un Camino de Fe y Transformación

Dios no nos saca del mundo ni nos convierte en seres automáticos. Seguimos siendo humanos y, en ocasiones, sentimos el deseo de pecar; a veces incluso caemos. La diferencia clave es que, antes de conocer la salvación, éramos esclavos de nuestra naturaleza pecaminosa. Pero ahora, en Cristo, podemos elegir vivir conforme a Su voluntad, pues Él nos ha otorgado el poder de la autodeterminación. Decir que somos cristianos no elimina de manera automática nuestra inclinación al pecado, pero nos da el privilegio de luchar contra ella con una fuerza que proviene de lo alto.

Nacer de nuevo es un acto de fe, un compromiso que trasciende las palabras. Es un proceso de transformación continua, donde el creyente aprende, día tras día, a caminar como Cristo caminó. Este andar no es inmediato ni sencillo; requiere entrega y perseverancia a lo largo de toda la vida.

Nunca debemos subestimar el poder del enemigo, quien constantemente busca desviarnos del camino. Sin embargo, la verdadera victoria sobre el pecado nos la concede el poder de Cristo. Ser guiados por el Espíritu Santo implica tener un corazón dispuesto a escuchar, una voluntad abierta para obedecer y la sabiduría para discernir lo que es correcto en un mundo lleno de tentaciones.

La sangre del Cordero que quita el pecado del mundo es nuestra única vía de escape frente a la naturaleza pecaminosa que nos rodea. A través de Su sacrificio y el poder del Espíritu Santo, podemos apartarnos del mal y clavar voluntariamente nuestros deseos egoístas en la cruz del Calvario. Nuestra vida cristiana comienza verdaderamente cuando, en unidad con Cristo, morimos a nuestra vieja vida y renacemos en la libertad que Él nos otorga.

Como dice la Escritura: ***"Sabiendo que nuestro viejo hombre fue crucificado junto con Él, para que el cuerpo del pecado sea destruido, a fin de que no seamos más esclavos del pecado"*** Romanos 6:6. (RV 2000) Solo entonces experimentaremos la verdadera libertad que nos concede nuestro Redentor y Salvador, Jesucristo, quien es el autor y consumador de nuestra fe.

No dudes; fe

Si pides que llueva y crees que lloverá, lleva tu paraguas. La fe no solo es pedir, es vivir con la certeza de que aquello por lo que has orado será respondido. Este acto de llevar el paraguas no es simbólico, es una muestra de la seguridad que has depositado en Dios. Interioriza lo que crees. Que cada convicción esté anclada en tu corazón y no sea superficial. Ama lo que crees, porque la fe verdadera no solo se sustenta en el intelecto, sino que se nutre en lo más profundo del alma. Es en esa conexión espiritual que el amor por Dios y sus promesas adquieren vida.

Nunca saques a Dios de la ecuación de tu vida. Sin Él, todo carece de sentido. Incluso para aquellos que no creen en Él, la incredulidad en sí misma muestra un vacío que solo Dios puede llenar. La fe es la clave para vivir una vida con propósito. Tener a Dios como el centro de todo lo que somos y hacemos nos conecta con algo mucho más grande que nosotros mismos. Al confiar en su voluntad y someter nuestras decisiones a su plan, encontramos propósito y dirección en nuestra vida.

Adoctrínate en la verdad de Dios y sé obediente a ella. La fe implica acción, y eso requiere un compromiso total con los principios divinos. No se trata solo de creer, sino de actuar conforme a esa creencia. Oblígate a seguir la Palabra de Dios, porque en la obediencia encontrarás la verdadera libertad. Sé agradecido, porque a través de la gratitud no solo reconoces a Dios en todas las cosas, sino que también muestras tu humildad al aceptar su soberanía y su gracia infinita.

Recuerda: No estás solo. Dios siempre está contigo, guiándote en cada paso, aunque a veces las circunstancias te hagan dudar. Identifica qué espíritu te mueve y asegúrate de que sea el Espíritu correcto: el Espíritu de Dios. Este Espíritu te dirige a toda verdad, te da paz en medio de la tormenta, y te fortalece cuando más lo necesitas. Caminar en el Espíritu es caminar con una brújula celestial que nunca falla.

La duda es la sombra que busca nublar la claridad de nuestra fe. A menudo, las circunstancias parecen inciertas, y es ahí donde nuestra fe se pone a prueba. Sin embargo, cuando estamos conectados espiritualmente con Dios, esa fe se convierte en un ancla firme que nos sostiene en las tormentas. No dudes; ten fe, porque la duda desvía, pero la fe nos guía con certeza hacia el propósito divino.

La fe no consiste en ver para creer, sino en creer aun cuando no podemos ver. Hebreos 11:1 (RV2000) nos enseña que ***" La fe es estar seguros de lo que esperamos, y ciertos de lo que no vemos."*** No es necesario comprender todos los detalles del plan de Dios para confiar en Él. La conexión espiritual nos permite descansar en la promesa de que su voluntad es perfecta, aunque no siempre sea visible a nuestros ojos. No dudes; ten fe, porque en la confianza plena en Dios hallamos verdadera paz y bienestar.

Dudar es parte de la naturaleza humana, pero la fe es el don que nos eleva por encima de nuestras limitaciones. La fe nos permite caminar en obediencia, aun cuando el camino parece incierto o lleno de obstáculos. No dudes; fe, porque la fe no elimina los desafíos, pero nos da la fuerza para enfrentarlos con la certeza de que Dios está a nuestro lado en cada paso. En esa confianza inquebrantable, nuestra conexión espiritual alcanza su máxima expresión.

La fe no solo transforma nuestra manera de ver el mundo, sino que también nutre nuestro bienestar integral. Al confiar plenamente en Dios, liberamos nuestras ansiedades, nuestros miedos y preocupaciones. No dudes; fe, porque la fe en Dios trae un bienestar profundo que trasciende lo físico, afectando nuestra mente, nuestro corazón y nuestro espíritu. Es en esa fe donde encontramos descanso, plenitud y un gozo que ninguna circunstancia adversa puede apagar.

Inspirar y Ser Ejemplo para los Demás; Testimonio

Cada uno de nosotros ha recibido un don o talento único, algo que nos distingue y nos capacita para impactar positivamente a los demás. Ese don no te fue dado al azar, ni para ser escondido o guardado solo para ti. Fue concedido porque el resto del mundo necesita de aquello que puedes ofrecer. Hay personas que, sin saberlo, están esperando por la manifestación de tus talentos, porque a través de ellos pueden ser bendecidos, guiados e inspirados.

Ser testimonio es mucho más que simplemente hablar sobre lo que creemos o lo que sabemos. El verdadero testimonio se encuentra en lo que hacemos y en cómo vivimos. Las palabras pueden inspirar, pero nuestras acciones son las que transforman vidas. El impacto más profundo en los demás ocurre cuando ellos ven en nosotros el reflejo de una vida que vive lo que predica, una vida que sirve de ejemplo y que muestra con humildad y perseverancia que es posible vivir con propósito, fe y dedicación.

Te respetarán y te admirarán cuando tu vida sea coherente con lo que dices. Cada palabra debe ser respaldada por tus acciones, y cada acción debe hablar por sí sola, sin necesidad de explicaciones. Así es como te conviertes en testimonio viviente: demostrando con tu vida la veracidad de tus principios y valores. Serás respetado no solo por lo que sabes, sino por cómo vives.

Sé la diferencia. Haz aquello que otros no logran hacer, no porque no puedan, sino porque no están dispuestos a hacerlo. El esfuerzo extra, el compromiso inquebrantable y la disposición para superar barreras son cualidades que inspiran a otros a seguir tu ejemplo. No se trata de ser perfecto, sino de ser genuino en tu esfuerzo por mejorar continuamente y ayudar a otros a crecer.

En el camino de la vida, aprender a delegar y a confiar en otros es una manifestación de liderazgo sabio. No se trata solo de lo que puedes lograr por ti mismo, sino de cómo puedes inspirar a otros a descubrir y desarrollar sus propios talentos. Ser un líder espiritual y emocional implica ayudar a otros a alcanzar su máximo potencial, creando un entorno donde el crecimiento individual y colectivo sea posible.

Inspirar a los demás no es una tarea fácil, pero es una de las más nobles que podemos emprender. Se necesita compasión, paciencia y entrega para cuidar de los demás, para guiarlos sin imponerles, para ser un modelo de comportamiento y actitud. Al cuidar de otros, ya sea con palabras de aliento o con acciones concretas, estás sembrando semillas de esperanza, fortaleza y motivación.

Al final, ser testimonio es recordar que nuestras vidas son un reflejo constante de lo que creemos. El mundo está observando, y nuestras acciones son los faros que iluminan el camino de los demás. El bienestar integral que experimentamos al vivir conectados con Dios y con nuestro propósito se amplifica cuando lo compartimos con otros. Ser un ejemplo es inspirar, guiar y, en última instancia, testificar que, en la fe, el esfuerzo y la acción, encontramos la plenitud.

Conexión con la Naturaleza y el Medio Ambiente

El ser humano, en su esencia, está profundamente vinculado con la naturaleza. Desde el primer aliento de vida hasta el último suspiro, nuestra existencia está entrelazada con el medio ambiente que nos rodea. Cada árbol, cada río, cada montaña y cada criatura que habita la Tierra nos habla del Creador, recordándonos que somos parte de un ecosistema sagrado, diseñado con propósito y equilibrio.

Al conectar con la naturaleza, renovamos nuestro espíritu. La naturaleza es un refugio que nos invita a encontrar paz y serenidad en medio de la agitación de la vida cotidiana. Cuando contemplamos la vastedad del cielo o la calma de un atardecer, nos damos cuenta de lo pequeños que somos frente a la magnificencia de la creación, pero también sentimos el profundo privilegio de formar parte de ese gran diseño. En esos momentos, la conexión espiritual se fortalece, porque en la naturaleza percibimos la huella de Dios.

Dios mismo nos llama a cuidar y proteger lo que Él ha creado. Desde los primeros días de la humanidad, el hombre recibió el mandato de ser mayordomo de la Tierra. Esto no significa explotar sin conciencia, sino cuidar con amor y responsabilidad. El bienestar integral no puede desvincularse del cuidado del medio ambiente, ya que nuestro bienestar físico, mental y espiritual depende de un entorno saludable. Respirar aire puro, beber agua limpia y disfrutar de los frutos de la tierra son bendiciones divinas que debemos preservar para nosotros y para las generaciones futuras.

Cuando te conectas con la naturaleza, también te conectas contigo mismo. El silencio del bosque, el sonido de las olas, o el canto de los pájaros nos invitan a reflexionar sobre nuestra vida, nuestros propósitos y nuestro lugar en el mundo. La naturaleza nos enseña a ser pacientes, a respetar los ciclos de la vida, y a vivir en armonía con nuestro entorno. Al contemplar cómo una flor se abre lentamente o cómo un río fluye sin resistencia, aprendemos que todo tiene su tiempo, y que debemos confiar en los procesos que Dios ha establecido.

La naturaleza es un regalo que nos recuerda la belleza y el equilibrio del universo. Apreciarla no solo es un acto de gratitud, sino también una oportunidad para recargar nuestra energía. El simple acto de caminar descalzo sobre la tierra, de sentir la brisa en el rostro o de sumergirse en el agua de un río, nos conecta profundamente con nuestro ser interior y con el Creador de todo lo que existe.

En un mundo que avanza rápidamente hacia el descuido ambiental, es crucial que volvamos a la conciencia de que cada acción, por pequeña que sea, impacta en el equilibrio de la Tierra. No podemos desconectarnos de la realidad de que nuestro bienestar está entrelazado con el bienestar del planeta. Cuidar la naturaleza es cuidar de nosotros mismos y honrar a Dios, quien nos ha confiado la Tierra como hogar.

Finalmente, la conexión con la naturaleza nos enseña una valiosa lección espiritual: así como los árboles necesitan de la luz del sol para crecer, nosotros necesitamos de la luz divina para florecer. Al nutrir nuestra relación con la naturaleza y el medio ambiente, también estamos nutriendo nuestra alma y fortaleciendo nuestra conexión espiritual. Este equilibrio entre lo físico y lo espiritual es lo que nos lleva a vivir en plenitud y armonía con todo lo que nos rodea.

Cuidado físico y alimentación saludable

El cuidado de nuestro cuerpo es una parte fundamental de nuestra conexión espiritual. Al igual que Daniel y sus amigos en la corte del rey, que eligieron no contaminarse con los manjares de la mesa real, nosotros también debemos ser intencionales en lo que consumimos. Nuestro cuerpo es templo del Espíritu Santo, y como tal, debemos tratarlo con respeto y reverencia. No te contamines con alimentos que no nutren tu cuerpo ni tu espíritu; elige aquello que da vida, que promueve la salud y el bienestar.

El placer de comer no debe estar separado del propósito de alimentarse para la conservación de la vida. La alimentación no es solo una fuente de satisfacción física, sino una herramienta para mantener la vitalidad y el equilibrio que Dios nos ha dado. Cuando nos alimentamos adecuadamente, no solo cuidamos de nuestro cuerpo, sino que también honramos a Dios, quien nos ha creado de manera tan perfecta.

Además, no olvides la importancia del ejercicio y la actividad física. Ejercítate, oxigénate, y permite que tu cuerpo disfrute del movimiento. El ejercicio no es solo una necesidad física, es también una forma de reconocer la obra maravillosa que es tu cuerpo, una máquina diseñada por Dios para funcionar con eficiencia y armonía. Un plan regular de actividad física, acompañado de una alimentación consciente, no solo alarga la vida, sino que potencia tu capacidad de servir a Dios con mayor energía y vitalidad.

Cuidar de nuestro cuerpo a través de una buena alimentación y ejercicio físico es un acto de disciplina y gratitud. Nos permite vivir en plenitud, con salud y bienestar, honrando al Creador que nos ha dado este cuerpo como un regalo sagrado.

Recapitulación.

La conexión espiritual es mucho más que una simple práctica religiosa o un momento de meditación. Es una experiencia profunda y personal que nos acerca a una relación íntima con Dios. Esta conexión nos invita a abrir el corazón y la mente para recibir la guía divina en cada aspecto de nuestra vida, transformando no solo nuestro espíritu, sino también nuestro bienestar físico, emocional y mental.

La conexión espiritual comienza en el encuentro personal con Jesucristo. Es a través de esta relación íntima que encontramos propósito, esperanza y dirección. Jesús nos invita a caminar junto a Él, a aprender de Su amor y a depender de Su gracia en todo momento.

Para profundizar nuestra conexión espiritual, debemos cultivar momentos de intimidad con Dios, apartando tiempo para la oración, la meditación en la Palabra y la adoración. Es en esos momentos, lejos del ruido del mundo, donde encontramos paz y claridad para enfrentar los desafíos diarios.

En la conexión espiritual, la fe es la base que sostiene nuestro crecimiento. Debemos aprender a confiar plenamente en Dios, sin permitir que las dudas nos detengan. La fe nos impulsa a caminar con confianza, sabiendo que Dios tiene un plan para nuestras vidas, incluso cuando no lo comprendemos del todo.

Una vida conectada espiritualmente inspira a otros. Nuestro testimonio personal puede ser una luz que guíe a los demás hacia el amor de

Dios. Al vivir con integridad y humildad, nos convertimos en un reflejo de la bondad y la compasión divina.

Compartir lo que Dios ha hecho en nuestras vidas es una parte fundamental de la conexión espiritual. Nuestro testimonio puede impactar poderosamente a quienes buscan esperanza, mostrando cómo Dios puede transformar vidas cuando le permitimos obrar en nosotros.

La creación de Dios es una manifestación de Su grandeza, y al conectar con la naturaleza, también profundizamos nuestra conexión con el Creador. Al contemplar la belleza del mundo natural, somos recordados de nuestra responsabilidad de cuidar el medio ambiente como buenos administradores de la creación.

El bienestar integral no solo incluye el aspecto espiritual, sino también el físico. Cuidar nuestro cuerpo, que es el templo del Espíritu Santo, es parte de nuestro llamado. Una alimentación equilibrada y hábitos de vida saludables contribuyen a nuestra capacidad de servir a Dios con vigor y entusiasmo.

Conclusión de Sabiduría Atemporal

A lo largo de este libro, hemos explorado cinco pilares fundamentales para una vida plena y significativa.

Desde los **Fundamentos para una Vida con Propósito**, hemos aprendido que una vida con dirección comienza con la identificación de nuestros valores y aspiraciones, estableciendo metas claras y aprendiendo a superar los desafíos que inevitablemente surgen en el camino.

En **Cultivando una Mentalidad Positiva**, hemos reconocido el poder transformador de nuestros pensamientos y creencias. Combatir la negatividad, desarrollar gratitud y mantener una motivación constante son claves para mantenernos enfocados en lo que realmente importa.

Los **Principios para el Crecimiento Personal** nos han recordado la importancia del autoconocimiento, el desarrollo de hábitos positivos y la superación de nuestras propias limitaciones. El fracaso no es el final, sino una oportunidad de aprender y crecer.

Con las **Herramientas para la Transformación**, hemos visto cómo la gestión eficaz del tiempo, la comunicación asertiva y el manejo del estrés nos permiten navegar mejor por la vida cotidiana, mientras que la toma de decisiones y el liderazgo nos ayudan a impactar positivamente a quienes nos rodean.

Finalmente, en **Conexión Espiritual y Bienestar Integral**, entendimos que la espiritualidad nos conecta no solo con Dios, sino con nosotros mismos, con los demás y con el mundo que nos rodea. A través de prácticas como la meditación, la gratitud y el cuidado del medio ambiente, logramos un equilibrio integral que nutre tanto el espíritu como el cuerpo.

En conjunto, estos principios nos guían hacia una vida más intencional, plena y transformadora, tanto para nosotros como para quienes nos rodean.

Made in the USA
Columbia, SC
30 June 2025

60022624R00176